Wechsle mal die Brille!
Impulse und Methoden zur Selbststärkung im Alltag

Alexandra Bischoff

Wechsle mal die Brille!

Impulse und Methoden zur Selbststärkung im Alltag

Ellert & Richter Verlag

Inhalt

Von Freizeitleid und Freizeitfreud

Arbeit darf Spaß machen

Hütehund, Beraterteam & Co.

Selbstfür(mich)sorge

Für Dich, Mami,
meine unentbehrliche
Unterstützerin und Beraterin
in allen Lebenslagen!

Wer ANNA ist, was Brillen mit Emmentaler-Käse zu tun haben und wie Du dieses Buch nutzen kannst

Liebe Leserin, lieber Leser,

kennst Du schon ANNA, meine **A**ngenehme **N**achdenkliche **N**ützliche **A**ssistentin? Sie unterstützt mich dabei, Dir zu zeigen, wie Du Dich selbst stärken und in innere Balance bringen kannst. Sie ist eine erfahrene Schülerin im *Seelenbalancieren* – das ist der Name meines Selbststärkungskonzepts. Als fiktive berufstätige Frau mittleren Alters mit Familie in einer süddeutschen Großstadt erlebt sie die typischen Ups and Downs der Gefühle auf der Wippe des Lebens. Die Buchstaben ihres Namens zeigen Dir schon ein bisschen, worum es hier geht:

Manchmal fühlt sich ANNA …
… aufgeregt, angeschlagen, arbeitsüberlastet, ärgerlich, angenervt, allein gelassen, angewidert, ängstlich, aufgewühlt, angestrengt, aufbrausend, nervös, nah am Wasser, niedergeschlagen oder gar -geschmettert, negativ, neben sich, neidisch, …
Dann verhält sie sich achtlos, aggressiv, abwesend, abwehrend, anhänglich, aufbrausend, aufgelöst, nörgelig, …
Kurz: ANNA ist dann im Stress. (Und da haben wir nur über die Buchstaben A und N geredet!)
Mit meinen Selbststärkungsmethoden bringt ANNA sich über den Körper, die Sinne und die Gedanken immer wieder in innere Balance, in Kraft und in gute Gefühle. Dann fühlt sie sich …
aktiv, ambitioniert, attraktiv, (manchmal auch) aufgedreht und angepeppt, neugierig, …
Und es fällt ihr leicht, sich achtsam, annehmend, aufmerksam, natürlich, nett, nachsichtig, (gebenenfalls) neutral, nahbar, … zu verhalten.

Das wiederum kommt positiv in ihrer Umwelt an und wird ihr entsprechend zurückgespiegelt. Eine Aufwärtsspirale!

Kommen Dir ANNAs Gefühle bekannt vor? Menschlich, allzu menschlich … Und möchtest Du erprobte und wirksame Wege kennenlernen, wie Du Dir selbst zu innerer Balance und Ent-Spannung (!) verhelfen kannst? Dann bist Du hier goldrichtig!

 In diesem Buch wird mich ANNA in zwei Arten von Beiträgen unterstützen, Dir Impulse für mehr Achtsamkeit, Selbstfürsorge, Gelassenheit und Lebensfreude zu geben: Texte, in denen sie Selbststärkungsgeschichten aus ihrem Leben erzählt, erkennst Du an ANNAs Kopfumriss. Eingestreut ins Buch findest Du zusätzlich zehn von „ANNAs wirksamen Wundersätzen für innere Balance". Die sollen Dich anregen, bei schwierigen Themen die Perspektive zu wechseln und damit Deine Handlungsfähigkeit zu erweitern.

Und damit sind wir beim Kernthema dieses Buchs, dem Perspektivenwechsel: Genau das meint der Titel „Wechsle mal die Brille!". Wenn wir im Stress sind, haben wir sozusagen Scheuklappen auf, sehen vor Ärger nur noch rot oder vor Angst alles verzerrt. Dagegen nehmen wir die Welt in warmen, wohltuenden Farben wahr, wenn es uns gut geht. Wie Du die „Stressbrille" durch die „Entspannungsbrille" ersetzen kannst und warum das funktioniert, zeige ich Dir an vielen Alltagsbeispielen. Meine Buchbeiträge wollen Dir helfen, die Welt durch verschiedene „Brillen" zu sehen, den Blick auf das Positive zu lenken und die kleinen Alltagsfreuden (wieder) wahrzunehmen.
Dabei ist eine meiner Lieblingsmethoden das „Umdeuten", im Fachausdruck „Reframing". Das meint, die Dinge aus einem anderen Blick-

winkel anzusehen und ihnen eine andere Deutung – wörtlich: einen anderen Rahmen – zu geben. Ins „Brillen"-Bild übersetzt, empfehle ich Dir: Wenn Du ein Thema hast, das Dich belastet, überlege systematisch, wie sich Deine Haltung dazu verändert, wenn Du statt der den Blick verengenden „Stressbrille" gedanklich eine eckig-sachliche Brille aufsetzt und Dir nur die Fakten betrachtest. Oder die berühmte rosarote Brille, um das Thema gezielt und für eine befristete Zeit mit dem Herzen und voller Gefühl anzuschauen. Oder eine kunterbunte Humorbrille, um dem Thema komische Aspekte abzugewinnen. Auch andere symbolische Linsen wie eine Lupe zum genauen Betrachten von Details oder ein Fernglas für einen Blick in die Zukunft solltest Du mal ausprobieren. Du merkst – da verändert sich etwas, Du kannst lockerer mit Deinem Thema umgehen.

In meiner „Brillenberatung" namens BALANCE – das ist der Name meines Einfrau-Unternehmens als Coach, Trainerin und Autorin – biete ich Dir nicht nur Sehhilfen, sondern auch virtuelle Käsehäppchen an. Mein „Emmentaler-Prinzip", das Du im Buch mehrfach wiederfinden wirst, verdeutlicht meinen ressourcen- statt defizitorientierten Grundansatz: „Schau nicht nur auf die Löcher (also das, was fehlt), sondern auch auf den Käse (auf das, was da ist), denn beides gehört zusammen!" Das ist ebenfalls eine Form des „Brillen"- und Perspektivenwechsels.

Du findest in diesem Buch unterschiedlich lange Textbeiträge sowie Fotos und Grafiken, alles sehr persönlich und mit Begeisterung von mir erstellt. Sie bilden eine Auswahl aus meinen Blogbeiträgen auf *seelenbalancieren.de* – zugleich mein Blog und meine Homepage –, immer nur minimal bearbeitet. Die kursiv geschriebenen Kommentare jeweils am Beginn habe ich extra für dieses Buch geschrieben. Du kannst in in ihm herumschmökern und es als hoffentlich inspirierendes Lese- und Fotobuch zur Selbststärkung verwenden. Du hast aber

auch die Möglichkeit, dieses Buch gezielt je nach Thema, das Dich beschäftigt oder belastet, zu nutzen: Die Beiträge sind unabhängig von
ihrem ursprünglichen Erscheinungsdatum nach Themenbündeln zu-
sammengefasst, durch das Inhaltsverzeichnis kannst Du Dich gut
orientieren. Wenn Du mehr über die psychologisch fundierten Methoden erfahren möchtest, empfehle ich Dir mein erstes Buch „Ich wünsche mir Gelassenheit. Ein Balancierkurs für die Seele". Dort wird alles,
was ich hier in meinen alltagsorientierten Beiträgen nur kurz skizziere,
z. B. „Bodyfeedback", ausführlich, systematisch und mit Literaturhin-
weisen erläutert. Die beiden Bücher ergänzen einander in jeder Hin-
sicht perfekt.
Aus dem ersten Buch habe ich die strukturierenden Icons übernommen. Du findest in manchen Beiträgen also kleine Zeichen, die Dir auf
einen Blick zeigen, worum es gerade geht:

 um einen Tipp,

 eine Körperübung,

 eine Denkübung oder Impulsfrage,

 eine Schreib- oder Malempfehlung,

 einen Leseverweis zu anderen thematisch passenden Beiträgen
im Buch

oder den Hinweis, dass ich dazu bereits

 ein Video (meist einen Kritzelfilm) gemacht habe.

ANNAs Symbol kennst Du bereits. Ein Tipp, falls Du mehr von ihr lesen magst: Eine ganze Reihe von anderen ANNA-Geschichten findest Du im „Balancierkurs für die Seele".

Zum Abschluss dieser Einführung habe ich noch ein besonderes Schmankerl für Dich:

 Am Ende eines jeden Beitrags findest Du einen Kurzlink, gekennzeichnet durch das Laptop-Icon. Im Internet kommst Du damit zum jeweiligen Originalbeitrag, der wiederum über Links zu weiteren Blogbeiträgen und Videos von mir oder auch von anderen Menschen führt, die ich inhaltlich empfehle. Und ich lade Dich herzlich ein, mit mir und mit anderen LeserInnen über die dortige Kommentarfunktion in Austausch zu gehen! Vielleicht lesen wir uns bald auf *seelenbalancieren.de*?! Ich würde mich freuen!

Ach ja: Falls Du Dich wunderst, warum auf dem Buchcover „Alexandra" steht und ich auf dem Blog als „Sandra" schreibe: So heiße ich per Du. Und so darfst Du mich gern auch nennen – ich duze Dich ja hier ebenfalls und hoffe, das ist ok für Dich.

Nun wünsche ich Dir sowohl Lesevergnügen als auch Erkenntnisgewinn hier im Buch! Ganz am Ende werde ich mich noch einmal mit einem Anliegen an Dich wenden – mit einer Art Kundenbefragung …

Herzliche Grüße aus München
Sandra Bischoff

Mit Leichtigkeit und gut gelaunt

Mein Guten-Morgen-gute-Laune-Song

Womöglich bist Du ja ganz an-
ders als ich und kommst mor-
gens entweder von selbst gut in
die Gänge oder brauchst unbe-
dingt gaaanz viel Ruhe. Hier
verrate ich Dir, was mich in
Schwung und gute Laune bringt.

Auf NachbarInnen, die in unsere erleuchtete Küche schauen können, wirkt es bestimmt lustig, wenn sie mich morgens swingen oder die Arme schwenken sehen. Das liegt dann am Radiosender meiner Wahl, in dem regelmäßig Unterhaltungsmusik läuft, die mich belebt. Beson- ders liebe ich das Lied „Happy" von Pharrell Williams. Das erinnert mich beglückend und bewegungsanimierend an den Tanz-Flashmob zu diesem Stück, an dem ich auf dem Münchner Marienhof, einer Wiese hinter dem Rathaus, teilgenommen habe.
Gute-Laune-Songs in Bad und Küche sind ein super Start in den Tag für mich Ungern-früh-Aufsteherin. Da hüpfen die Glückshormone mit mir um die Wette! Tanzen und lachen, gern in Kombination – für mich die ultimativen Gute-Laune-Kicks. Die beiden stehen definitiv auf meiner Lebensfreudeliste.

 Was sind Deine Tipps und Tricks, um morgens in gute Laune zu kommen?

 Mein Gute-Laune-Wolkenschirm, S. 22

 www.seelenbalancieren.de/qbwv

Wundersames
und Wunderbares entdecken

*Das Foto zeigt einen Teil der
Kirchendecke in der Canterbury
Cathedral in England. Da lohnt
sich der Blick nach oben!*

Aus meiner Lebensfreudeliste: in andere Gegenden, Städte und Länder
reisen (teilweise ganz old fashioned und vergleichsweise langsam mit
dem Zug) und dort Wundersames und Wunderbares entdecken –
Menschen, Dinge, Gebäude, Köstlichkeiten zum Essen und Trinken,
Natur, Kultur, Geschichtszeugnisse …
Das Weg-vom-Alltag-Sein und das Verschieben der Perspektive beim
Reisen erweitern nicht nur den Horizont, sondern wirken, wenn die
Randbedingungen passen, als Energiequelle.
Hin und wieder mache ich das daher auch gern in meiner eigenen
Stadt. Zum Beispiel liebe ich Stadtführungen für Einheimische oder
gehe manchmal mit dem Blick einer Touristin durch München.

 Wo und wie entdeckst Du Wundersames und Wunderbares?

 Ganz genau hinschauen, S. 228

 www.seelenbalancieren.de/t733

Mach's Beste draus:
Drei Gute-Laune-Tipps für Regenwetter

Ach, wie oft wird über Regen ge-
jammert … „Es gibt kein
schlechtes Wetter, nur falsche
Kleidung" ist ein schönes Bei-
spiel für eine andere gedankliche
Brille. Hier drei Vorschläge, aus
Regen das Beste zu machen und
sich nicht die Laune verderben
zu lassen – denn ändern können
wir ihn ja sowieso nicht.

 Tipp 1: Ein Schirm in einer Deiner Lieblingsfarben, am besten
schön kräftig – oder gleich regenbogenbunt. (Eine Seminarteil-
nehmerin hat mir später mal erzählt, wie glücklich sie mit ihrem
sonnengelben Knirps ist, den sie sich gleich nach meinem Tipp
zugelegt hat.)

Tipp 2: Fantasiereisen, zum Beispiel zu schönen Urlaubsorten.
Träum Dich einfach weg!

Tipp 3: Mit Gummistiefeln und Regenhose durch Pfützen radeln – weil's dann eh schon wurscht ist. Da freut sich das Innere
Kind!

 Mein Gute-Laune-Wolkenschirm, S. 22
Den Urlaub in den Alltag verlängern, S. 68
Brombeeren, Rosen und Lavendel: Entspannung und Kraft tanken im
Fantasiegarten, S. 151

 www.seelenbalancieren.de/kfn5

Das Leben tanzen

Aah – tanzen und leben, was für eine schöne Kombination!

Wer hört, dass das Foto innen an einer Friedhofsmauer aufgenommen wurde, findet den Text vielleicht makaber. Wer erfährt, dass es sich dabei um den wunderschönen Münchner Alten Nördlichen Friedhof handelt, der seit 1945 als Park offensteht und ein Ort der Lebensfreude ist, sieht das vermutlich anders. Dort gehen viele Menschen spazieren und laufen (ja, auch ich!), spielen Kinder zwischen den Grabsteinen, sonnen sich manche auf der Wiese und es findet zwischen den blühenden Büschen und den alten Bäumen öfter mal ein Picknick statt. Das Graffito habe ich dort entdeckt. Es hat mich sofort zu Impulsfragen angeregt – Du weißt ja vielleicht, wie beglückend ich Tanzen finde:

 „Wann fühle ich mich leichtfüßig und beschwingt, als ob ich (durch) das Leben tanzen könnte? Wer sind meine liebsten TanzpartnerInnen dafür? Wie ist mein Lebensrhythmus: langsamer Walzer, heiße Salsa, rockige Beats – oder wie sonst?"

 Ein Satz mit Zauberkraft: Muss-ich-das-jetzt-machen?, S. 91
Mein Tempo, meine Zeit, mein Rhythmus, S. 246

 www.seelenbalancieren.de/qhc7

Mein Gute-Laune-Wolkenschirm

*In meinen Seminaren und Vor-
trägen zeige ich den Schirm zunächst von außen und frage:
„Woran denken Sie bei einem
schwarzen Schirm?" „Regen,
ernste Themen, Beerdigung, …"
Wenn ich ihn öffne, gibt es immer ein großes Hallo.*

Dauerregen – ein schöner Anlass für meinen wunderbaren Gute-
Laune-Wolkenschirm! (Das nenne ich: angewandtes Reframing/Um-
deuten im Alltag …)

   Mein Guten-Morgen-gute-Laune-Song, S.18
        Mach's Beste draus: Drei Gute-Laune-Tipps für Regenwetter, S. 20

   www.seelenbalancieren.de/t5va

Federleicht hingetupft: Anleitung zum entspannenden Elfchen-Schreiben (mit Elfchen-Elfchen)

Elfchen-Gedichte gehören zu meinen Blogbeiträgen mit den meisten Reaktionen: LeserInnen hinterlassen ihre entzückenden selbst geschriebenen Elfchen als Kommentar. Lass Dich doch auch anregen und mach mit!

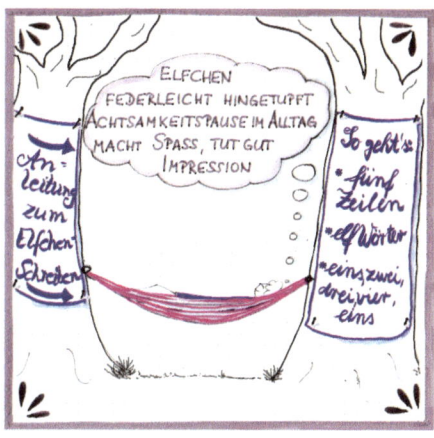

 Mehrmals pro Jahr lade ich auf meinem Blog zum Elfchen-Schreiben ein, oft zu einem Jahreszeitenanlass wie dem Frühlingsbeginn oder dem Sommerabschied, manchmal auch einfach so, zu Alltagsthemen. Mit Elfchen meine ich nicht meine kleinen Freundinnen aus der Fantasywelt, sondern eine bestimmte Gedichtform: fünf Zeilen, elf Wörter; eins, zwei, drei, vier, eins pro Zeile. Mit ANNAs Unterstützung zeige ich Dir oben im Bild die Regeln und dazu ein Elfchen-Elfchen. Probier's einfach mal aus – den Inneren Kritiker- und Perfektionismus-Stimmen, die nörgeln, „das machen doch schon Grundschulkinder, was ist denn da die Kunst?!", lachen wir einfach ins Gesicht. Das Elfchen-Schreiben empfehle ich übrigens beim Thema „Kreativität" in meinem Impuls- und Notizbuch „Mein Weg zu mehr Gelassenheit"! Es ist anregend und macht Spaß, mit ein paar Worten eine Impression hinzutupfen, noch dazu, wenn sie sich auf eine schöne Erinnerung bezieht. Dadurch und durch die Fokussierung auf das Formulieren wirkt Elfchen-Schreiben

angenehm entspannend, es ist eine kleine wohltuende Achtsamkeitsübung. Du kannst über jedes beliebige Thema schreiben. In
diesem Buch zeige ich Dir ein paar meiner Elfchen zu persönlichen Kraftorten und zu erfreulichen Alltagsdingen und -tätig-
keiten als Beispiele: Küchenbalkon, Hängematte, Lieblingsbaum,
Radeln.

Im „Elfchen-Archiv", das Du beim Kurzlink am Ende des Beitrags findest, kannst Du sehen, was ich schon produziert und
was meine LeserInnen dazu Tolles beigetragen haben, oft bei
Jahreszeitenwechseln. Mach einfach selbst mit, ohne Perfektionismus! Du wirst sehen, worüber man geschrieben hat, bleibt
besser im Gedächtnis und ist mit guten Gefühlen verbunden.

Eine Mini-Entspannung im Alltag!

Hier zum Abschluss nochmal als Ermunterung und Ermutigung
mein Elfchen-Elfchen:

Elfchen
federleicht hingetupft
Achtsamkeitspause im Alltag
macht Spaß, tut gut
Impression

„Niente panico": Fünf Kraftsätze, die Dir helfen, Deinen eigenen Perfektionismus abzuschwächen und das Leben mehr zu genießen, S.162

Das Elfchen-Archiv: www. seelenbalancieren.de/f845

Elfchen zum Frühlingsbeginn: „Bunter Lebensfreudejauchzer"

Winterausklang und Frühlings-anfang waren für mich schon mehrmals Anlässe, zum achtsa-men, entspannenden und beglü-ckenden Elfchen-Schreiben auf-zurufen. Daher bekommst Du hier gleich zwei zu lesen, inhalt-lich verbunden durch die Krokus-wiese im Münchner Alten Bota-nischen Garten, die mich auf meinem Arbeitsweg vom Fahrrad aus jedes Jahr wieder begeistert:

Farbtupfer
lila Krokuswiese
erste rosa Baumblüten
Vogelgezwitscher morgens und abends
Lebensfreudejauchzer

Krokuswiese
lila Hoffnung
Sonne Wärme Frühlingsluft
hält auch Schnee aus
flexibel

 Wie lautet Dein Elfchen zum Frühlingsbeginn?

 Federleicht hingetupft: Anleitung zum entspannenden Elfchen-Schreiben (mit Elfchen-Elfchen), S. 23

 www.seelenbalancieren.de/evzo, www.seelenbalancieren.de/sdtl

ANNAs erster wirksamer Wundersatz für innere Balance: Ich darf

Es gibt so Sätze … die haben geradezu eine wunderbare und wunder-
volle (!) Wirkung. Daher stelle ich Dir hier verteilt auf das Buch mit
ANNAs Unterstützung zehn „Wundersätze" vor, von denen ich aus
meinen Coachings und Seminaren weiß, dass sie wundersam hilfreich
sind, um sich selbst zu stärken und in innere Balance zu bringen. Hier
also der Auftakt: „Ich muss nicht – ich darf!"
Besonders für Menschen, die sich selbst stark Druck machen und deren Innerer Perfektionismus-Antreiber mächtig wirkt, ist dieser Satz
oft sehr entlastend. Er verhilft ihnen zu mehr Leichtigkeit. Manchen
entlockt er beim ersten Hören sogar einen entspannenden Seufzer
beim tiefen Ausatmen. Gemeint ist nicht das zynische „Sei froh und
dankbar, dass Du Arbeit hast / hier sein darfst / …". Nein, es geht darum, Dir einen selbstgemachten Stress zu nehmen und Dir die Freiheit
zu geben, selbst zu entscheiden, wie viel Du investieren magst. Also:
„Ich darf es tun – ich erlaube mir aber auch, Nein zu sagen und es
nicht zu tun."

Ein Beispiel: In einem meiner Selbststärkungsseminare in einer Kinderkrippe gestand eine Erzieherin, dass es sie immense Kraft koste, die Entwicklungsmappe, die für jedes Kind geführt wird, „schön" zu gestalten. Zeichnen und Gestalten sei so gar nicht ihrs, außerdem fehle im Alltag die Zeit. Aber weil die Eltern das wollen, „muss ich das ja machen". Wir konnten dann, gemeinsam mit ihrer Vorgesetzten, herausarbeiten, dass es voll in Ordnung ist, wenn sie Fotos/Bilder „nur" einklebt und sachlich beschriftet. Ziel ist, die Entwicklungsschritte mit Datum zu dokumentieren. Alles darüber hinaus ist ein „add on", etwas Zusätzliches, das von niemandem erwartet werden kann. Für eine ihrer Kolleginnen wäre es eine Strafe, wenn sie die Mappen der Kinder, für die sie zuständig ist, NICHT mehr mit Farben und schönen Schriften dekorieren dürfte. Sie nimmt die Mappen sogar manchmal mit nach Hause, um dort daran zu arbeiten, was für sie ein Hobby zu sein scheint. Für die betroffene Erzieherin gilt jetzt zu ihrer Erleichterung, „ich muss nicht – ich darf". Damit kann sie sich die Erlaubnis geben, die ausführliche, sie belastende Variante sein zu lassen.

 Bergtour, Beppo, Baby Steps: Drei Gelassenheitsstrategien, mit denen Du große Aufgaben schaffst, S. 86
Midlife ohne Crisis: Mutmach-Gedanken einer Mittelalten zu Ü50, Gleitsichtbrillen und Erfahrungsrucksäcken, S. 108
„Niente panico": Fünf Kraftsätze, die Dir helfen, Deinen eigenen Perfektionismus abzuschwächen und das Leben mehr zu genießen, S. 162
ANNAs siebter wirksamer Wundersatz für innere Balance: Ich will, S. 190

 www.seelenbalancieren.de/g7n3

 Diesen Wundersatz gibt's auch als Kritzelfilm: www.seelenbalancieren.de/skfu

Die (mehr oder weniger) Lieben

Freundschaft

Man kann sich die eigenen Ressourcen gar nicht oft genug bewusst machen. Freundschaften sind ein wichtiger Teil davon. In unserer Familie ist Freundschaftspflege untrennbar mit gemeinsam genossenen leckeren Mahlzeiten verbunden.

Zuneigung als Glücksfaktor – Freundschaften sind eine echte Kraftquelle! Im besten Falle hören wir uns zu und unterstützen einander, lachen und (das gehört halt auch zum Leben) weinen zusammen, feiern und schlemmen miteinander, erleben gemeinsam Schönes, das uns Freude macht und an das wir uns gern erinnern.

 „Für welche lang andauernden Freundschaften in meinem Leben bin ich dankbar? Von welchen neuen wünsche ich mir, dass sie richtig lang dauern mögen? Bin ich mit mir selbst gut befreundet?"

 Wertschätzender Umgang oder „Seid nett zueinander, auch zu Euch selbst!", S. 37
Midlife ohne Crisis – Mutmach-Gedanken einer Mittelalten zu Ü50, Gleitsichtbrillen und Erfahrungsrucksäcken, S. 108
ANNAs zweiter wirksamer Wundersatz für innere Balance: Beste Freundin, S. 52

 www.seelenbalancieren.de/e5iv

So machst Du aus anstrengenden Energievampiren harmlose Vamperl, Teil I: Stress, Gelassenheit, Selbstschutz

Das Verkehrsschild habe ich in der Münchner Maxvorstadt gefunden. Du wirst gleich verstehen, warum die Kombination aus „Achtung, Dir droht Gefahr!" (falls Du keine Vorfahrt gewährst) und „Lächeln" besonders gut zu diesem Artikel passt, den ich wegen seiner Länge auf zwei Beiträge aufgeteilt habe.

Oh, wie oft sind die lieben Mitmenschen gar nicht lieb, sondern die Quelle für Ärger, Frust, Wut oder gar Angst …

Ich habe Dir hier eine Reihe von Selbststärkungstechniken und -tipps zusammengestellt, die Dir helfen können, Dich von den Befindlichkeiten und Ansprüchen anderer abzugrenzen. Damit kannst Du Dich trotz aller Wackelpartien auf der Wippe des Lebens immer wieder ins innere Gleichgewicht bringen. Es geht hier also nicht um Kommunikationstechniken („Ich-Botschaften", Schlagfertigkeit etc. – dafür empfehle ich Dir die Bücher von Friedemann Schulz von Thun und Barbara Berckhan), sondern um Methoden, Dich selbst in positive Gefühle und in Kraft zu bringen. Das ist dann eine gute Ausgangsposition, um je nach Situation auch klar und deutlich Deine Meinung zu vertreten.

„Das ist DEINE Interpretation" – Stimmt!

Zu Beginn ein Schnellkurs zum Thema Stress: Es ist wirklich hilfreich, Dir klarzumachen, dass wir emotional immer auf etwas reagieren, das wir mit unseren Sinnen wahrnehmen. Dieser Reiz, also das, was wir

hören, sehen, riechen, schmecken und tasten, ist neutral. Unser Gehirn (konkret das Emotionale Gedächtnis) entscheidet blitzschnell, ob es den Reiz als positiv-angenehm oder als negativ-unangenehm interpretiert. Entsprechend schüttet es Wohlfühl- oder Stresshormone aus. Die wiederum merken wir dann an unserer Gefühlslage und auch an Körperzeichen. Und spätestens dann sollten wir tatsächlich unseren „Kopf" einschalten und uns vernünftig anschauen, was da eigentlich passiert. Worauf hast Du mit ärgerlichen, wütenden oder ängstlichen Gefühlen reagiert? Was hat Dein Gegenüber von sich gegeben (an Worten, Geräuschen, Mimik, Gesten, vielleicht sogar Gerüchen …), das Dich auf irgendeine Art in Stress bringt? Denn diese negativen Gefühle und Körperreaktionen wie der Drang zu schreien, eine zugeschnürte Kehle oder flaches Atmen sind im Kern nichts anderes als Stressreaktionen. Wir reagieren immer noch auf etwas, das wir als bedrohlich einstufen, wie Urzeitmenschen auf den heranrasenden Säbelzahntiger: Wir würden am liebsten – bewusst oder unbewusst - davonlaufen, brüllen und kämpfen oder uns totstellen.
Womöglich hat Dein Mitmensch einen „Triggersatz" von sich gegeben, der Dich auf die Palme treibt, z. B. in einem Beziehungszank „Das ist DEINE Interpretation". Künftig kannst Du lächelnd kontern, „stimmt!".

„Wer hat hier ein Problem?" oder Der Stress der anderen

Gehen wir einen Schritt weiter: Auch Deine Mitmenschen reagieren auf das, was sie subjektiv als bedrohlich empfinden, mit den drei klassischen Stressreaktionen. Wenn Du DAS verstanden hast, kannst Du Dir schon viel erklären. Du wirst es nicht mehr so schnell auf Dich persönlich beziehen und als Bedrohung interpretieren. Die können gerade nicht anders, ein Hormoncocktail flutet durch ihre Adern, der sie (beispielsweise) laut werden lässt. Mit dieser Art, ihre Aggression zu zeigen, wollen sie im Kern nichts anderes, als ein Urzeitmonster anzubrüllen und einzuschüchtern – das ist ein Teil der Kampfreaktion. Das steckt hinter der bekannten Alltagsweisheit, „wer schreit, hat meistens nicht Recht". Lautwerden ist oft ein Zeichen von Hilflosigkeit, die im Gewand von Aggressivität daher kommt.

Konsequenz: „Dieser Mensch hat ein Problem – nicht ich!" Das wirkt sehr entlastend. Arbeite Dich nicht an den Befindlichkeiten der anderen ab, nimm sie nicht zu ernst. Damit kannst Du auch aufhören zu versuchen, die anderen zu ändern. Setze bei Dir an, innerlich und äußerlich. Wie das geht, zeige ich Dir im nächsten Schritt:

„Bis hierhin und nicht weiter!" So hältst Du Dir Energievampire vom Leib

Menschen, die uns Kraft abziehen, weil sie nerven und unsere Grenzen überschreiten, nenne ich „Energievampire". Klar, das ist immer eine subjektive Interpretation, keine objektive Einstufung. Es ist schon viel gewonnen, wenn Du identifizierst, wer für Dich so ein Vampir ist; von wem Du Dich anzapfen und aussaugen lässt. Es gehören ja immer zwei dazu, auch beim „Tanz der Vampire" …

Mit Hilfe von „Bodyfeedback" kannst Du Dich selbst aufrichten und stark machen. Das gibt Dir die Kraft, den Energieräubern Widerstand entgegenzusetzen oder Dich von ihnen zu lösen. Also entweder schön altmodisch zu zeigen „Halt ein, Vampir, bis hierhin und nicht weiter!" oder ihnen gelassen den Rücken zuzuwenden.

Wie das funktioniert? Auch dafür nutzen wir einen cleveren Mechanismus unseres Gehirns: Es liest nämlich an unserer Körperhaltung, wie es uns geht, und interpretiert das als „meinem Menschen scheint's gut zu gehen – Wohlfühlhormone auslösen!" oder „meinem Menschen scheint's schlecht zu gehen – Stresshormone auslösen!" Und durch die Stresshormone kommen wir dann in eine Abwärtsspirale …

Deswegen tut es uns gut, wenn wir uns körperlich so benehmen, als wenn wir ganz entspannt wären: Wenn wir bewusst atmen und uns aufrecht hinstellen oder -setzen. An zwei von ANNAs Wundersätzen für innere Balance habe ich Dir das schon veranschaulicht: „Ich atme ein, was ich brauche, und aus, was ich nicht brauche" und „Ich bewege mich aufrecht wie eine Königin". Beides hilft Dir, denn damit kannst Du „Halt" sagen mit Haltung! Wenn Du Dich innerlich und für Deine Umwelt auch äußerlich erkennbar in Kraft gebracht hast, kannst Du Klartext reden.

In einem meiner Selbststärkungsseminare zum Thema Energieräuber/-spender lasse ich die TeilnehmerInnen eine „Nein"-Übung ausführen. Zu zweit stehen sie sich gegenüber, die eine Person sagt immer „Doch!", die andere „Nein!", zunächst ganz klein und mit schwacher Stimme, dann immer aufrechter und mit kräftigerer Stimme. Bei einem zweiten Durchgang lassen sie die Stimme sogar ganz weg und zeigen nur über Körpersprache, dass sie nicht bereit sind, der Forderung des Gegenübers nachzukommen. Immer wieder beeindruckend für alle Beteiligten!

Energievampiren gelassen den Rücken zuwenden

Das Bodyfeedback, mit dem Du Dich innerlich und äußerlich in Kraft gebracht hast, kann Dir auch helfen, den Vampiren gelassen den Rücken zuzukehren. Das kann bedeuten, dass Du in einer kritischen Situation – in einem anderen Gedankenbild – Deine Segel aus dem Wind nimmst. Oft versuchen wir ja das Gegenteil und sind damit wieder gut, aber wenig hilfreich, mit dem Stress des Mitmenschen beschäftigt, dem „Wind". Nun, wo Du verstanden hast, dass Du für Dein Gegenüber entweder Stressanlass oder – weil er/sie schon am „Kämpfen" ist – Blitzableiter bist, kannst Du Dich leichter brenzligen Situationen entziehen.

Eine andere Variante, anstrengenden Energievampiren den Rücken zu-zukehren, ist es, sich von ihnen zurückzuziehen. Zum Beispiel, wenn eine langjährige Freundin Dir am Telefon nur noch von ihren Proble-men erzählt oder vorjammert, an Deinem Leben aber nicht (mehr) weiter interessiert ist, sondern nur an Deiner Zuwendung, Deinen Rat-schlägen und Deinem offenen Ohr; immer wieder, ohne etwas davon anzunehmen und bei sich zu verändern. Das laugt auf die Dauer aus. In meinen Seminaren stoße ich regelmäßig darauf, dass TeilnehmerIn-nen vor einem Cut zurückschrecken und sich lieber weiter aussaugen lassen. Sie denken in den Kategorien „ganz oder gar nicht" und reagie-ren sehr erleichtert, wenn ich ihnen ein softeres Vorgehen anbiete: Es ist sehr wohl möglich, einen Menschen nicht komplett aus dem Adressbuch und dem Leben zu löschen, sondern nur die Beziehung anders zu definieren. So können „enge FreundInnen" zu „FreundIn-nen" oder „lieben Bekannten" oder auch „entfernten/alten Bekannten" werden. Das lässt sich durchaus mit einem liebevollen Blick auf die ge-meinsame Vergangenheit praktizieren. Menschen entwickeln sich un-terschiedlich. Nur weil Du jetzt das Bedürfnis hast, eine einseitig ge-wordene Beziehung (im weiteren Sinn) zu verlassen, musst Du nicht eliminieren, was Euch früher verbunden hat. Deine neue innere Hal-tung wird spürbar sein. Die veränderte Definition führt dann zu selte-neren Telefonaten, vielleicht nur noch an Euren Geburtstagen. Und Du wirst nur noch mit einem harmlosen Vamperl statt einem anstrengen-den Energievampir zu tun haben.

Profiausstattung für den Umgang mit Energievampiren: Schutz-brille und Schutzkleidung

Vampire sind gefährlich, sie wollen Dich anzapfen und aussaugen. Lass uns überlegen, wie Du Dich in Gedanken gut ausstatten kannst, um ih-nen nicht schutzlos ausgeliefert zu sein. Manchmal sind tatsächlich (gedachte) Ohrenschützer, Filzpantoffel und Glacéhandschuhe das Richtige. Und zwar, damit Du in Ruhe Deine Dinge machen kannst, ohne bei Deinem Gegenüber irgendwelche Krisen auszulösen. Aber bitte mit Haltung: diplomatisch, aufrecht und bewusst, nicht duckmäuserisch und um Dich klein zu machen.

Vielleicht hilft Dir auch eine Schutzbrille, um Deinen Blick nicht durch die Befindlichkeiten der anderen trüben zu lassen und um die Dinge klar(er) zu sehen. Wie könnte sie aussehen?

Sehr empfehlenswert ist eine fantasierte Schutzkleidung, um Dich gedanklich vor negativen Emotionen abzugrenzen und sie ablaufen zu lassen. Ein paar Ideen von TeilnehmerInnen aus meinen Coachings und Seminaren: ein dicker wärmender Loopschal, eine stabile Motorradlederjacke, ein durchsichtiger Schild aus Plexiglas, ein Lack-Regenmantel. Mein persönlicher unsichtbarer Schutzumhang ist wie Harry Potters Tarnumhang „wie aus gesponnenem Wasser". Er ist geschmeidig und ich kann mich gut mit ihm bewegen. Wie sieht Deine eigene Schutzkleidung aus?

In Teil 2 des Aufsatzes werde ich Dir zeigen, wie Du selbststärkend mit den intensiven Gefühlen Ärger, Wut und Angst umgehen kannst, die oft von Energievampiren ausgelöst werden.

So machst Du aus anstrengenden Energievampiren harmlose Vamperl, Teil 2: Ärger, Wut, Angst, S. 43
Vergissmeinnicht: Mit kleinen Schritten und Erinnerungshilfen aus dem Ablagechaos, S. 96
Fällt herab kein Träumelein: Einschlafhilfen und wie sie wirken, S. 204
ANNAs dritter wirksamer Wundersatz für innere Balance: Atmen, S. 77
ANNAs fünfter wirksamer Wundersatz für innere Balance: Aufrecht, S. 132

www.seelenbalancieren.de/f4tw

Wertschätzender Umgang oder „Seid nett zueinander, auch zu Euch selbst!"

Weinkiste, Abfallbehälter oder Fahrradkorb? Alles eine Frage der „Brille"!

Ist dieser Zettel an einem Fahrrad„korb" – übrigens kreativ aus einer Weinkiste gebastelt – nicht hinreißend? Er hat sicherlich nicht nur mich regelmäßig erfreut, wenn ich ihn in unserer Nachbarschaft im Vorbeigehen gesehen habe. Für mich verkörpert er „Seid nett zueinander" (ja, auch zu Deiner besten FreundIn, Dir selbst!) im besten Sinn und Wertschätzung – in diesem Fall sogar für Dinge und Gefühle offenbar Wildfremder.

Wertschätzende Haltung gegenüber Menschen, Dingen und der Natur sowie wertschätzende Kommunikation gehören beim *Seelenbalancieren* und auch in meinem Alltagsleben zu meinen Lieblingsthemen.

Hier ein paar Gedankenanstöße zum Stichwort „Wertschätzung" aus meinem Impuls- und Notizbuch für innere Stärke und Balance „Mein Weg zu mehr Gelassenheit": *Blick auf das Positive … wert-voll, wie ein kleiner Schatz … den Wert wahrnehmen und benennen … Anerkennung, Würdigung, Lob, Achtung geben und empfangen: beides löst Freude aus …*

Und nun meine Impulsfragen dazu:

 „Wie kann ich zeigen, dass ich jemanden oder etwas wertschätze? Wie möchte ich von anderen wertschätzend behandelt werden? Bin ich nett zu mir selbst?"

 ANNAs zweiter wirksamer Wundersatz für innere Balance: Beste Freundin, S. 52

 www.seelenbalancieren.de/88k9

ANNA erzählt:
Mamagefühle oder „Gib ihnen Flügel"

Das Foto zeigt die Flügelsandalen einer antiken Hermes-/Merkur- Statue im Archäologischen Nationalmuseum in Neapel. Sind die Flügelchen, auch am inneren Knöchel, nicht entzückend?

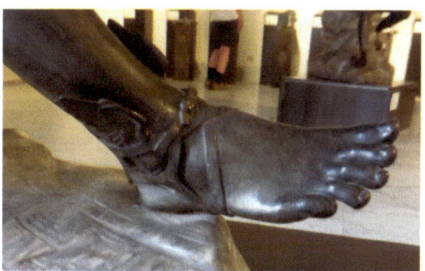

Kinder können eine super Kraftquelle sein, sie können einem aber auch den letzten Nerv rauben. Manchmal liegt's jedoch gar nicht am Sohn oder der Tochter, sondern an bzw. in uns selbst, wenn wir wegen des Nachwuchses aus dem Gleichgewicht kommen …

Schau mal, was meine Unterstützerin ANNA dazu zu erzählen hat und wie sie sich über ihre Gedanken und ihren Körper selbst wieder in Balance bringt – *Seelenbalancieren* in Reinform:

 Ja, manchmal glaube ich echt, ich bin eine Glucke, eine Helikopter-Mutter, overprotective – oder was man sonst noch Diskriminierendes sagt über Mamas, die sich gern um ihr Kind kümmern und ihm viel abnehmen wollen. Mir gefällt ja für mich besser das Bild von Mrs Weasley, der engagierten und besorgten Siebenfach-Mutter von Harry Potters Freunden Ron und Ginny. Aber auch die muss damit klarkommen, dass ihre Kinder ziemlich gut ohne sie auskommen …

Ein typisches Beispiel aus meiner eigenen Familie: Unser Teenager-Nachwuchs ist zwar ziemlich häuslich, beteiligt sich aber manchmal an irgendwelchen Mehrtagesausflügen. Davor laufe ich

jedes Mal zu nervöser Hochform auf, ob unsere „Nr. 1", – es blieb bei einem Kind, umso mehr stimmt also dieser Titel – auch wirklich an alles denkt, was sie brauchen könnte. Und zwar bitte für alle möglichen Notfälle des Lebens! Dabei unterschätze ich regelmäßig, wie unabhängig Nr. 1 inzwischen ist: Als ich sie neulich überraschend nach einer einwöchigen Klassenfahrt vom Zug abgeholt habe, ist sie mir nicht in die Arme gefallen – das wäre ja auch zu schön gewesen –, sondern ist an mir vorbeigegangen und hat dabei gemurmelt: „Ich hatte mich schon so gefreut, allein mit der U-Bahn heimzufahren." Mamafrust …

Gerade ging's um einen Wochenendausflug mit der Clique in die Berge. Es wurde am Vorabend spät und später, gepackt war noch nichts. Das stresst mich! Am liebsten würde ich dann selbst alles herrichten. Geht natürlich nicht. Also anschieben, Ratschläge geben, nachfragen … Unser Sprössling blieb erstaunlich gelassen und signalisierte, nicht bemuttert werden zu wollen. Als ich anbot, am Abfahrtstag extra mittags heimzukommen, um das Broteschmieren und Rucksackpacken wenigstens im Hintergrund zu begleiten, stieß ich bei Vater und „Kind" auf Unverständnis. Meine Angebote verpufften im Off …

Hilfe, die haben ja Recht – so überbemutternd will ich doch gar nicht sein, das widerspricht total meinen pädagogischen Ansprüchen! Autonomie, Selbstständigkeit, Lernen aus Erfahrungen – so etwas will ich fördern. Trotzdem ging's mir nicht gut.
Ich spürte, wie sich die ganze Situation richtiggehend in meinem Nacken als Verspannung festsetzte. Da fiel mir der alte Selbstcoaching-Trick ein: Was würde ich meiner besten Freundin in dieser Situation raten? Als Beraterin meiner selbst musste ich nach Lan-

gem mal wieder an den Weisheitssatz denken, den wir damals auf die Geburtsanzeige unseres Wunschkindes geschrieben hatten:

„Wenn die Kinder klein sind, gib ihnen Wurzeln.
Wenn sie groß sind, gib ihnen Flügel."
(Aus Indien)

Damit ging's mir schon ein Stück besser. Das mit den Wurzeln haben wir, glaube ich, prima hingekriegt. Jetzt ist's Zeit für die Flügel!

Und meine eigenen Flügel habe ich dann auch spontan entfaltet: Da es eine warme Sommernacht mit schönem Mondlicht war, habe ich auf unserem Balkon eine kleine Sequenz Qigong und ein paar Atemübungen („Ich atme aus, was ich nicht brauche …") eingelegt. Das hatte, wie immer, eine wunderbare Wirkung, und schon nach ca. zehn Minuten fühlte ich mich ruhig, entspannter, zuversichtlich und gestärkt. Ich konnte nun ins Bett gehen und mich drauf verlassen, dass unser großes Kind das schon alles gut hinkriegen wird.

Nr. 1 war übrigens beim Packen ziemlich autonom und hat die Gegenstände, die wir eifrigen Eltern (ja, auch der Papa!) noch als „just in case"-Hilfen beigesteuert haben, absichtlich daheim liegen lassen: Regenhose, Thermofolie, Küchenpapier … Und natürlich wurde es für alle Familienmitglieder ein schönes Wochenende.

ANNA hat sich also einerseits über „Reframing", nämlich den gedanklichen Umweg, was sie einer Freundin raten würde, und über das stärkende Zitat, das sie zu positivem Denken bewegt hat, gestärkt. Andererseits konnte sie sich mit den harmonisierenden Bewegungen beim Qigong und der tiefen Atmung über Bodyfeedback aus ihrem hausgemachten Stress helfen.

 Wie bringst Du Dich in innere Balance, wenn Du Dir wegen Deines Nachwuchses zu viele unnötige Sorgen machst?

 So machst Du aus anstrengenden Energievampiren harmlose Vamperl, Teil 1: Stress, Gelassenheit, Selbstschutz, S. 31
ANNAs dritter wirksamer Wundersatz für innere Balance: Atmen, S. 77

 www.seelenbalancieren.de/m707

So machst Du aus anstrengenden Energievampiren harmlose Vamperl, Teil 2: Ärger, Wut und Angst

Dieses Verkehrsschild kennst Du bereits von Teil 1 des Beitrags. Die Themen „Ärger, Wut und Angst wegen menschlicher Energieräuber" hatte ich bisher zwar ausführlich in meinen Selbststärkungsseminaren, jedoch noch kaum in meinen Blogartikeln behandelt. Hier also der versprochene Teil 2 des Textes, in dem ich das nachhole.

Im ersten Teil meines langen Aufsatzes zu menschlichen Energievampiren habe ich Dir gezeigt, was eigentlich hinter ihnen steckt (Stress), wie Du sie Dir erfolgreich vom Leib hältst („Halt" sagen mit Haltung), wie Du ihnen gelassen den Rücken zuwenden kannst und mit welcher Profikleidung Du Dich gut gegen sie schützt. Hier im zweiten Teil des Beitrags zeige ich Dir Wege, wie Du Dich bei Ärger, Wut oder Angst wieder ins innere Gleichgewicht bringen kannst – drei typische Gefühle, die von Energievampiren ausgelöst werden. Fangen wir mit dem Ärger an.

„Mensch ärgere Dich nicht!" Drei Tipps, wie Du kräfteschonend mit Ärger umgehen kannst

Du sagst, „ich ärgere mich so". Hmmm, wer ärgert hier eigentlich wen? Warum tust Du Dir das an? Alltagsweisheit: „Ärger macht alles ärger"! Ich habe hier drei bewährte Tipps für Dich, wie Du kräfteschonend mit Ärger umgehen kannst. Sie funktionieren alle durch Umdeuten (Fachbegriff „Reframing"):

1. Das Selbstinterview gegen Ärger

Das hast Du schon x-mal erlebt: Du stehst im Stau oder in einer
momentan unentrinnbaren Warteschlange. Du ärgerst Dich, weil
Du nicht vorwärts kommst und in Gefahr bist, zu einem Termin
zu spät zu kommen. Du schimpfst vor Dich hin und bist auf alle
Menschen, die diese Blockade verursacht haben, stinksauer. Alle
blöd, alle gemein! Du merkst, wie Du Dich hineinsteigerst – und
irgendwann raus willst aus dem Gefühlschaos. Der perfekte Zeitpunkt für ein Ärger reduzierendes Selbstgespräch!

In meinem Aufsatz „Seelenbalancieren im Schnee" zeige ich Dir
anhand einer zertrampelten Loipe, wie mein „Anti-Ärger-Interview" funktioniert. Du findest die ausführliche Anleitung dafür
auf S. 58.

Hier die Kurzvariante: Erst einmal nimmst Du einen tiefen
Atemzug (Bodyfeedback!). Dann stellst Du Dir selbst ein paar
Fragen: Hast Du gerade irgendeine Möglichkeit, der Situation zu
entkommen? Hat da jemand bösartig, böswillig, dumm oder
unwissend gehandelt? Wollte jemand Dir persönlich Schwierigkeiten machen? Kannst Du mit Deinem Groll etwas an der Situation ändern?

Wenn Du das alles während des Staus oder in der Warteschlange
gedanklich durchgespielt und beantwortet hast, bist Du bestimmt schon nicht mehr so ärgerlich. Das Atmen und die in-
nerliche Distanzierung vom Ärger durch die Fragen haben Dich
unterstützt. Hilft ja eh nichts, also kannst Du das Beste aus der
Situation machen und die zwangsweise im Stillstand verbrachte
Zeit nutzen. Je nach Umgebung, Ausstattung und Situation vielleicht mit Deinem Lieblingsmusiksender, mit einem Hörbuch,
für unauffällige achtsame Körperübungen wie Gewichtsverlage-
rungen im Sitzen oder Stehen, für Zeit zum Nachdenken?

2. „Nicht ärgern, nur wundern!"

Eine andere Methode, mit Ärger umzugehen, ist die innere Haltung „ah, interessant – was gibt es nur für merkwürdige Menschen und Reaktionen". Als Kurzformel: „Nicht ärgern, nur wundern!"

Dieser Gelassenheitssatz hilft Dir, Dinge nicht so persönlich zu nehmen, z. B. wenn Du unfreundlich angepflaumt wurdest. Denk an den Stress-Hormoncocktail, der vermutlich der Grund ist! Dieser Mensch hat sich womöglich bereits Stunden vorher über etwas ganz anderes geärgert und lässt nun seine schlechte Laune an Dir aus. In den seltensten Fällen sind Menschen bösartig und wollen böswillig tatsächlich Dir schaden. Meist sind sie nur unfähig, mit ihren negativen Gefühlen umzugehen. Wer entspannt unterwegs ist, schafft es, so jemandem ein „Na, heute wohl mit dem falschen Fuß aufgestanden?" zurückzugeben, statt sich persönlich verletzt zu fühlen und ebenfalls in den Stressmodus zu gehen. Und um in ebendiese Entspannung zu kommen, hilft „Nicht ärgern, nur wundern!".

Der Satz erleichtert auch, wenn man selbst schon gestresst ist und sich über seine Umwelt aufregt; ebenfalls eine Form von Ärger. Ein Beispiel aus der Großstadt: In der U-Bahn sieht man die unterschiedlichsten Frisuren, Piercings, Tattoos und Kleidungsstücke. Wenn Dein Nervenkostüm schon dünn ist, kann es sein, dass Du Dich dabei ertappst, zu bewerten und innerlich zu lästern: „Wie kann man nur – das sieht ja furchtbar/spießig/hässlich/entstellend aus – eine Beleidigung für die Augen – eine Zumutung" und so weiter. Du nimmst also Deine Mitmenschen als Angriff auf Deinen Geschmack oder Deine Vorstellungen wahr. Wenn Dir auffällt, dass Du immer negativer denkst und immer ärgerlicher wirst, hilft Dir der Satz „Nicht ärgern, nur wundern!" aus der Abwärtsspirale. Auch der Gedanke, „Mei, Meins wär's nicht – aber ich muss das ja glücklicherweise nicht tragen", unterstützt Dich, Dich abzugrenzen. Die anderen Menschen sind wie sie sind; das hat nichts mit Dir zu tun. Sie wurden von Dir unfreiwillig zu Energievampiren ernannt. Mach sie als Vamperl zu Objekten Deiner wissenschaftlichen Neugier!

3. Der Ärger-Termin

Nun noch ein kleiner Tipp, mit dem ich schon viele Coaching-KlientInnen freudig überrascht habe: Setze Dir bei akutem Ärger einen Termin ein paar Stunden später in Deinen Kalender: „5 Minuten ärgern." Schon beim Gedanken daran, musst Du ein bisschen lächeln, stimmt's? Und damit hast Du Dir bereits ein Stückchen aus Deinem akuten Ärger herausgeholfen. Beim Termin wirst Du merken, dass Deine negativen Gefühle schon ziemlich verraucht sind.

So holst Du Dich aus Deiner Wut

Nehmen wir an, Du hast das Anti-Ärger-Programm übersprungen und Dich über etwas so echauffiert, dass Du regelrecht wütend bist. Du siehst rot, Du möchtest am liebsten mit dem Fuß gegen etwas treten und den nächstbesten Menschen, der Dir über den Weg läuft, anbrüllen – Dir ist im Moment total egal, welche Folgen das alles hat! Falls Du später, wenn Du wieder klar siehst, beschließt, Dich künftig Deinen Wutgefühlen nicht mehr so ausliefern zu wollen, habe ich auch hierfür Tipps. Üben musst Du selbst, das ist klar.

Dass hinter Deiner Wut „nur" Deine Verteidigung gegen den „Säbelzahntiger" steckt, hast Du inzwischen sicherlich herausgefunden. Irgendetwas oder irgendjemand in Deiner Umgebung wirkt auf Dein Inneres massiv bedrohlich. Du gehst in den Angriffsmodus, Deine

Hormone bereiten Dich auf Schreien und Kämpfen vor, Deine Muskeln wollen arbeiten, Dein Denkhorizont verengt sich massiv. Wir müssen also etwas finden, das Dich ultimativ schnell aus Deiner akuten Stresssituation holt.

Und da kommt wieder das Bodyfeedback ins Spiel: Ein tiefer Atemzug ist Erste Hilfe gegen Stress! Am besten verbindest Du ihn wieder mit dem Gedanken „Ich atme ein, was ich brauche, ich atme aus, was ich nicht brauche" (ANNAs dritter wirksamer Wundersatz für innere Balance)! Stattdessen kannst Du auch zählen, z. B. langsam von zehn rückwärts. Damit verschiebst Du hilfreich Deine Aufmerksamkeit.

Um die Stresshormone, die Dich peitschen, möglichst schnell abzubauen, brauchst Du körperliche Bewegung. Manchen Menschen hilft es, einen Wutball zu kneten oder Kissen aufs Sofa zu pfeffern. Versuche, Dich im Raum zu bewegen (Fenster öffnen?), gehe in den Waschraum oder noch besser Treppen auf und ab.

Wie gesagt, um Dein Wutmuster zu ändern, musst Du „üben, üben, üben" – übrigens ebenfalls einer von ANNAs Wundersätzen.

„Riddikulus!" oder Wie Du Deiner Angst die Luft rauslässt

Das dritte anstrengende Gefühl, das Energievampire bei uns auslösen, ist Angst. Angst lähmt, sie macht sprichwörtlich dumm. Natürlich sind das ebenfalls typische Stressreaktionen wegen des „Säbelzahntigers", und zwar die Flucht- sowie die passiv machende Totstellreaktion. Falls Du in einer Prüfung schon einmal einen Blackout hattest (mir ist das sogar zweimal passiert …), bist Du Opfer dieses Mechanismus' geworden.

Ich will Dir nun zeigen, wie Du Dir mit Lachen aus der Angst helfen kannst – so absurd das vielleicht erstmal für Dich klingt. Aber denke an das Buch oder den Film „Der Name der Rose". Dort lässt Umberto Eco in einem mittelalterlichen Kloster sogar Morde geschehen, um zu verhindern, dass ein verschollen geglaubtes Buch von Aristoteles über die Komödie öffentlich bekannt wird. Denn lachende Menschen lassen sich nicht so leicht unterdrücken, Humor verleiht Unabhängigkeit und dadurch Macht! Falls Du es schaffst, zu lächeln oder gar zu lachen, nutzt Du übrigens wiederum den Mechanismus „Bodyfeedback", um Dich aus dem Stress zu holen.

Fangen wir mit einem Witz an: *„Mami, ich will nicht in die Schule gehen, die Lehrer und Schüler sind immer so gemein zu mir!" „Nix da, stell Dich nicht so an! Du gehst hin, Du bist schließlich der Rektor."*

Angst vor Mitmenschen gibt es also nicht nur hierarchisch nach oben, sondern auch auf gleicher Ebene und, wie im Witz, nach unten. Wegen des Machtungleichgewichts dürfte es jedoch öfter vorkommen, dass MitarbeiterInnen vor ihrer Führungskraft Angst haben als umgedreht. Um den übergroßen Respekt vor einschüchternd wirkenden, klassischerweise männlichen, Vorgesetzten zu verringern, gibt es schon lange den Tipp, „stell Dir Deinen Chef in Unterhosen vor" – am besten in möglichst seltsamen, vielleicht riesengroßen, buntgemusterten.

Für das Prinzip „Chef in Unterhosen" hat J.K. Rowling im dritten Band ihrer „Harry-Potter"-Serie eine wunderbare Veranschaulichung gefunden: „Riddikulus". Das ist ein Zauberspruch, mit dem man der Verkörperung seiner Angst die Macht nimmt, indem man dafür sorgt, dass man über sie lachen muss. Auch dort findet sich ein Schüler-Lehrer-Beispiel: Harrys Freund Neville Longbottom wird im Unterricht angeleitet, sich zu überlegen, vor was oder wem er sich am meisten fürchtet. Ganz klar, vor dem Lehrer Severus Snape. Dann soll er sich etwas möglichst Absurdes ausdenken, das ganz und gar nicht zu dem Lehrer passt. Er wählt Hut und Handtasche seiner exzentrischen Großmutter.

Als Übungsobjekt dient ein Irrwicht, ein Wesen, das sich in die jeweilige Angstfigur verwandelt. Neville schafft es, schlotternd den Zauberspruch „Riddikulus" über die Lippen zu bringen und damit dem vermeintlichen Lehrer Snape die Ausstattung seiner Großmutter anzuzaubern. Der Irrwicht fühlt sich lächerlich gemacht – und verschwindet mit einem Knall. Tapferer Neville!

Eine andere Variante, um mit Angst vor einem Energievampir umzugehen, zeige ich Dir in meinem Aufsatz „Bleib locker!": Dort erfährst Du, was es Dir bringt, Dein Inneres Beraterteam zu befragen, um Dich vor einer schwierigen Arbeitsbesprechung mit einer Führungskraft selbst zu stärken. Eines der Wesen, die ich Dir empfehle auszuwählen, ist humorvoll-lustig (!), eines kindlich, eines alltagspraktisch-pragmatisch und eines weise. Am Ende der Beratung wird Dir nicht mehr mulmig sein, sondern Du wirst gestärkt und aufrecht in die Besprechung gehen.

Wichtige Schlussbemerkung: Hol Dir Hilfe gegen die Vampire!
Falls Dir meine psychologisch fundierten Selbstcoachingmethoden für Deine Probleme/Konflikte mit Mitmenschen nicht hilfreich oder zu alltagsorientiert erscheinen: Bitte hole Dir die Unterstützung einschlägig ausgebildeter Profis! Das können Coaches sein (z. B. um herauszufinden, ob Du noch einen „Okay-Job" oder schon einen gesundheitsschädigenden „Gift-Job" hast), PsychotherapeutInnen, BetriebsrätInnen, MediatorInnen, Mobbing- oder Partnerschafts-/Familien-/ LebensberaterInnen. Je nachdem, was Dein Thema ist und welche Emotionen Dich belasten. Ich wünsche Dir alles Gute dafür!

So machst Du aus anstrengenden Energievampiren harmlose Vamperl, Teil 1:
Stress, Gelassenheit, Selbstschutz, S. 31
Seelenbalancieren im Schnee, S. 56
„Bleib locker!" Wie das Innere Beraterteam bei schwierigen Arbeitsbespre-
chungen helfen kann, S. 177
Meine neue Smiley-Fahrradklingel oder Was Lächeln mit Selbststärkung zu
tun hat, S. 222
ANNAs dritter wirksamer Wundersatz für innere Balance: Atmen, S. 77
ANNAs vierter wirksamer Wundersatz für innere Balance: Üben, S. 104

 www.seelenbalancieren.de/4yti

Elfchen „Unterm Lieblingsbaum"

Wie schade: Unser Kletterbaum,
in dessen Schatten auch einer
meiner liebsten Schreibplätze
war, musste leider inzwischen ge-
fällt werden. Hier setze ich ihm
ein Andenken. Das Foto habe ich
auf dem Rücken liegend nach
oben geknipst.

Lieblingsbaum
warmer Wind
Licht und Schatten
die Blätter rauschen sanft
friedlich

 Hast auch Du einen Lieblingsort in der Natur? Und ein Elfchen
ihm zu Ehren?

 Federleicht hingetupft: Anleitung zum entspannenden Elfchen-Schreiben (mit
Elfchen-Elfchen), S. 23
Stolze Grüße vom Kletterbaum oder Mach mal wieder was ganz altes Schönes
oder was ganz Neues!, S. 73

 www.seelenbalancieren.de/b961

ANNAs zweiter wirksamer Wundersatz für innere Balance: Beste Freundin

Dieser Satz ist vor allem für Menschen hilfreich, die immer erst an andere denken und sich um sie kümmern – und erst am Ende um sich selbst, wenn überhaupt. Sie vergessen dabei, dass sie nur in Kraft und Balance bleiben, wenn sie gut für sich sorgen. Dahinter steckt oft der übermächtige innere Antreiber, „mach es allen recht". Gerade Menschen in sozialen Berufen und in der fürsorglich-pflegenden Familienrolle (für ihre Kinder oder alten Eltern) sind in großer Gefahr, sich zu sehr zurückzustellen und nicht wichtig genug zu nehmen.

 Zur „besten Freundin" habe ich noch zwei Zusatztipps für Dich:
- „Was würde ich meiner besten Freundin oder meinem besten Freund raten, wenn sie/er in meiner Situation wäre?" ist eine extrem nützliche Selbstcoaching-Frage, um sich selbst weiterzuhelfen.
- Und auch in Verhandlungen hilft uns die „beste Freundin": Wenn Du Dich (gedanklich) nämlich für ihr Gehalt oder ihre Arbeitsbedingungen einsetzt, nutzt Du Deinen Altruismus und stellst dadurch klarere Forderungen, als Du es für Dich selbst tätest.

Von Risiken und Nebenwirkungen: Wie ich ein extrem arbeitsintensives Dreivierteljahr geschafft habe, S. 98
Bunte kleine Arbeitspausen: Tipps zum Auftanken in Mini-Einheiten, S. 199
MGLG: selbstfür(mich)sorgliche Erinnerungshilfe an kleine Auszeiten im Alltag Freundschaft, S. 209

 www.seelenbalancieren.de/xry3

 Diesen Wundersatz gibt's auch als Kritzelfilm: www.seelenbalancieren.de/ib27

Von Freizeitleid und Freizeitfreud

Seelenbalancieren im Schnee

Dieser Text erschien als Gastauf-
satz bei www.zeitzuleben.de,
dort per „Sie" formuliert. Das
Foto zeigt die echte lebensfrohe
Schneefrau bei mir um die Ecke,
die Du am Ende des Artikels nä-
her kennenlernen wirst.

Ach, wie könnte ich Dir vorschwärmen von meinem Langlaufwinter-
traum mitten im München: dick verschneit, Sonnenschein, Natur pur,
wohltuende Bewegung! Aber Du hast mehr davon, wenn ich Dir die
ganze Geschichte erzähle.

Du kennst das sicherlich: Wir bringen uns oft selbst in negative Ge-
fühlsspiralen, mit denen wir uns die schönsten Erlebnisse verderben
können. Mein Ausflug in den Schnee war so ein Ereignis. Und fast
hätte ich ihn mir verpatzt …

Ehrlich gesagt, spürte ich nämlich nicht nur beglückende, sondern
auch unangenehme Gefühle, mit denen ich klarkommen musste. Nicht
dramatisch, aber doch. Neben dem körperlichen Ausbalancieren beim
Gleiten und Stapfen, Rutschen und Schwanken war ich, wie so oft im
Leben, zu seelischen Balanceakten herausgefordert. Das nenne ich
Seelenbalancieren.

Die zentrale Frage lautet dabei für mich: Womit kann ich mich (immer) wieder ins Gleichgewicht bringen? Ich möchte Dir am Beispiel
meines Winterausflugs hier ein paar bewährte Selbststärkungsmethoden als Miniatur-Balancierkurs für Deine Seele anbieten.

Dafür lade ich Dich ein, mich in Gedanken bei meiner Tour zu begleiten und Dich dabei von meinen Nachdenkimpulsen zu Selbststärkung

und mehr Gelassenheit anregen zu lassen. Du kannst direkt beim Lesen mitmachen, sozusagen als Trockentraining. Und wenn Dir meine Instrumente gefallen, kannst Du sie im nächsten Ernstfall des Lebens einsetzen. Mit etwas Übung funktionieren sie umso besser.

Mit allen Sinnen

Nach einem kleinen Fußmarsch, die Skier und Stöcke noch in der Hand, komme ich im Englischen Garten an. Auf geht's, rein in die Loipe! Von wegen … Da ich selten langlaufe, habe ich Schwierigkeiten, im Schnee meine Schuhe in die Bindungen zu klicken. Wer es schon einmal gemacht hat, kennt das Problem. Ich werde hektisch und fange an, vor mich hinzugrummeln, zunehmend verzweifelt. „Neinneinnein, nicht wegrutschen, das gibt's doch gar nicht, warum schaffe ich das nicht, hoffentlich schaut niemand zu, das ist ja peinlich, was ich hier treibe …" Stop! Erst einmal mich aufrichten, orientieren und die Atmosphäre mit allen Sinnen aufnehmen, um wieder bei mir selbst anzukommen. Wow! Ich sehe den blauen Himmel, die strahlende Sonne, die schwarzen Bäume und Schatten, den weißen Schnee – ich rieche den typischen Geruch aus dem nahe gelegenen Pferdestall – ich höre Menschen lachen – ich schmecke mein Halsbonbon – ich spüre, dass meine Finger allmählich warm werden, und die Sonne auf den Wangen.

 Was siehst, riechst, hörst, schmeckst, spürst Du gerade?

Innezuhalten und den Körper oder die Umgebung bewusst über die fünf Sinne wahrzunehmen, ist eine wirksame, entspannende Übung in Achtsamkeit. Du kannst ein kleines Ritual daraus machen, beispielsweise mit Deinem täglichen Nachmittagstee oder -kaffee: Welche Farbe hat er, wie duftet er, welches Geräusch macht der Löffel, wie schmeckt das Getränk, wie fühlt sich die Tasse in der Hand an?

Mein Weg

Nun bin ich so locker, dass das Einklicken in die Bindung fast auf Anhieb klappt. Endlich kann ich vom Gehen zum Gleiten wechseln. Mehr
oder weniger. Hier war kein professionelles Loipengerät am Werk, daher orientiere ich mich an den Spuren von langlaufenden Menschen,
die vor mir hier waren. Ohne echtes Ziel überlasse ich es dem Zufall,
wohin der jeweilige Weg mich führt. Teilweise muss ich stapfen und
immer mal wieder die Richtung wechseln. Manche provisorischen Loipen enden im Nichts, sodass ich flexibel bleiben und neue Entschei-
dungen treffen muss. Mitten auf einer großen Schneefläche habe ich
die Wahl zwischen mehreren Fußgänger- und Langlaufspuren in verschiedene Richtungen. Ein Bild voller Symbole. Die Fragen, die mir
dazu einfallen, möchte ich gern an Dich weitergeben:

 *Welchen Weg wählst Du für die nächste Zeit? Gehst Du weiter
auf vorhandenen, bekannten Pfaden, die bereits angelegt sind?
Spurst Du Deine eigenen? Werden vielleicht sogar andere Menschen dankbar Deine neue Spur verfolgen? Weißt Du, wohin Du
willst, hast Du Ziele, die Du verfolgst? Oder lässt Du Dich trei-
ben?*

Das Anti-Ärger-Interview

Wie schön ist es, in einer guten Loipe zu gleiten und flüssig voranzukommen! Wie ärgerlich und frustrierend ist es dagegen, wenn saubere
Spuren von Fußgängerinnen und Fußgängern jeglichen Alters kaputt
gemacht wurden. Ich bin sauer ... Wie gemein ist das denn, müssen
die ausgerechnet meinen Weg zertrampeln?!
Ich schimpfe vor mich hin, bis ich merke, dass meine Ärgergefühle
mich auch körperlich ins Wackeln bringen. Ich bin unkonzentriert und
mit Negativem beschäftigt. Da will ich wieder raus!

Erst einmal nehme ich einen tiefen Atemzug. Dann stelle ich mir ein paar Fragen: Hat da jemand bösartig gehandelt? Nein, es wäre wirklich übertrieben, das zu behaupten. Böswillig? Wohl auch nicht. Dumm? Ja, definitiv! Unwissend? Hmm, wahrscheinlich. Denn wer selbst schon einmal langlaufen war, weiß, wie wichtig die Spur ist. In echten Loipen sind Fußgänger verboten. Wollte jemand mir persönlich Schwierigkeiten machen? Nein, bestimmt nicht. Kann ich mit meinem Groll etwas an der Situation ändern? Äh …, nein … Nun bin ich auch schon nicht mehr ärgerlich, sondern spure mir selbst einen neuen Weg. Jetzt sehe ich auch wieder die weite schöne Schneelandschaft und nicht mehr nur die störenden Stapfen vor mir. Was soll's? Ich bin ja schließlich zum Genießen hier.

 Wie ist Dein Umgang mit unangenehmen Gefühlen wie Ärger und Frust? Hast Du typische Verhaltensweisen? Spürst Du eher Wut und Aggression oder eher Gefühle der Hilflosigkeit? Und vor allem: Was tust Du, um Dich erfolgreich daraus zu befreien?

Ein tiefer Atemzug („rein, was ich brauche, raus, was ich nicht brauche") ist eine bewährte Erste Hilfe gegen Stress; denn die benannten Gefühle sind nichts anderes als Stressreaktionen. Danach kannst Du wieder etwas klarer denken. Und Selbstcoaching-Fragen, wie ich sie mir gestellt habe – mein „Anti-Ärger-Interview" – sind eine mögliche Methode, um Dich selbst aus der Abwärtsspirale der Gefühle zu befreien.

Kraftorte

Ich habe mich mittlerweile über nicht ganz einfache Pfade entlang des Sees, zu Fuß über eine Brücke, vorbei an inzwischen vielen Neujahrsspazierenden in den viel stilleren Nordteil des Englischen Gartens durchgearbeitet. Hier kann ich endlich in Ruhe richtig langlaufen –

herrlich! Ich spüre, wie gut mir nach den Feiertagen die Bewegung tut, und könnte juchzen vor Glück über die wunderschöne Natur. Schon auf dem Rückweg weiß ich, dass ich diesen geradezu traumhaften Wintertag in mein inneres Schatzkästlein der guten Erinnerungen ablegen werde. Meine Fotos werden mir dabei helfen. Zu diesem Kraftort – dem dick verschneiten Englischen Garten bei Sonnenschein und knallblauem Himmel – kann ich im tristesten Alltag in Gedanken immer wieder zurückkehren, wenn ich das möchte.

 Was sind Deine Kraftorte? Welche schönen Erinnerungen geben Dir Energie?

Solche kleinen, selbst geschaffenen Fantasiereisen wirken sofort entspannend und fördern das Wohlbefinden. Mit ihnen hast Du überall und jederzeit die Möglichkeit, aus anstrengenden Situationen zu entkommen und Dich zu stärken. Auch als Einschlafhilfe funktionieren sie prima.

Die lebensfrohe Schneefrau

Auf dem Fußweg nach Hause entdecke ich am Straßenrand eine kugelrunde, große Schneefrau. Ich bin begeistert von dieser Begegnung mit einer Lebenskünstlerin: Sie lacht und steht schön aufrecht – sie fühlt sich wohl – sie ernährt sich gesund (das schließe ich aus der als Nase dienenden Karotte) – sie freut sich darüber, dass sie andere erfreut – sie nimmt sich den Platz, den sie braucht – sie genießt ihr Leben sichtlich – sie trägt selbstbewusst ihren feschen Hut und zeigt ihren individuellen Stil – sie misst sich nicht an klassischen Maßen, sondern fühlt sich wohl in ihrem Körper – sie ist von ansteckend guter Laune – sie ruht in sich selbst. Diese Schneefrau ist für mich eine Expertin darin, es sich im Hier und Jetzt gut gehen zu lassen. Sie lebt nach dem Grundsatz „Carpe diem", nutzt also den Moment, schon weil sie womöglich bereits morgen dahingeschmolzen sein wird.

Welche Vorbilder für Gelassenheit hast Du? Wer oder was inspiriert Dich zu guter Laune, innerer Stärke und Ruhe? Was würdest Du Dir gern von wem abschauen? Was würdest Du dann anders machen als bisher?

Ich bin wieder daheim angelangt, bereichert durch meinen kleinen Winterausflug. Meine Erinnerungen an das Naturerlebnis, unterstützt durch meine Fotos, werden bleiben.

Durftest auch Du etwas mitbringen von unserer gemeinsamen Tour? Hast Du vom Nachdenken über Deinen Weg, Deine Kraftorte und Deine Gelassenheitsvorbilder als Selbstcoaching profitiert? Wirst Du künftig Selbststärkungsmethoden wie die Wahrnehmung mit allen Sinnen, den Atemzug als Erste Hilfe gegen Stress, das Anti-Ärger-Interview oder selbstgemachte Fantasiereisen einsetzen? Hast Du vielleicht Lust bekommen, hin und wieder einen achtsamen Spaziergang zu unternehmen? Mit der richtigen Kleidung ist so etwas das ganze Jahr über wunderbar, finde ich.

Jedenfalls wünsche ich uns allen zu jeder Jahreszeit und bei jedem Wetter die gelassene Haltung und die lebensfrohe Ausstrahlung der Schneefrau!

 So machst Du aus anstrengenden Energievampiren harmlose Vamperl, Teil 2, S. 43
Die Abwärtsspirale: Eine wirksame Anleitung zur Selbstschwächung in zehn Schritten, S. 196
Fällt herab kein Träumelein: Einschlafhilfen und wie sie wirken, S. 204
ANNAs dritter wirksamer Wundersatz für innere Balance: Atmen, S. 77

 Der Originalaufsatz (mit interessanten Kommentaren von zeitzuleben-LeserInnen): www.seelenbalancieren.de/ryw9
Mein Blogbeitrag dazu: www.seelenbalancieren.de/2f5s

Im Skizzen-Flow: Entspannung und Freude durch achtsames Zeichnen und Malen

Obwohl ich in der Schule keine Leuchte im Kunst- und im Hand-arbeitsunterricht war, probiere ich inzwischen ohne künstleri-schen oder gar Perfektionsmus-anspruch verschiedene Techniken aus. Diese Art von Achtsamkeit kann ich sehr empfehlen!

In der Süddeutschen Zeitung war ein ganzseitiger wunderbarer Artikel mit dem Titel „Mit Stift und Pinsel: Das Leben gezeichnet" über die mir vorher unbekannte Gruppe „Urban Sketchers Munich". [Den Link dorthin findest Du bei meinem Original-Blogbeitrag.] Die Mitglieder – jede/r kann mitmachen! – bilden bei ihren Treffen mit jeweils per-sönlichem Blick grafisch ab, was sie sehen – in diesem Fall in Münch-ner Straßen, Parks und Museen. Bei den „Urban Sketchers" handelt sich um eine internationale Bewegung.

Die Idee und die Ergebnisse, die übers Internet öffentlich gemacht werden, gefallen mir sehr! Auf dem Blog der Münchner Gruppe war eine sehr interessante kleine Reportage des Bayerischen Rundfunks zu sehen. Darin sagt u. a. eine Teilnehmerin, dass sie beim Skizzieren vollkommen bei sich ist und das als Moment der Achtsamkeit genießt; da habe sie keinen Kopf für etwas anderes. Das hat mich zu diesem Ar-tikel inspiriert.

Ich selbst bin demnach eine „Rural Sketcher". Aus jedem unserer Fa-milienurlaube, meist irgendwo auf dem Land in Italien, Frankreich oder England, bringe ich ein oder zwei selbst gemalte Aquarellbilder mit. Ich zeichne und male vollkommen laienhaft, aber mit Freude. Eine „Amateurin" ist ja wörtlich eine „Liebhaberin".

Pro Bild verbringe ich ca. zwei Stunden mit dem Skizzieren und Kolorieren. Währenddessen bin ich ganz auf das Objekt (meist ein Haus oder eine Landschaft) konzentriert und entdecke dabei immer mehr Details, über die ich normalerweise hinwegschaue. Im Idealfall komme ich dabei in den Flow und nehme nichts anderes mehr wahr. Das Tolle ist, dass man beim Zeichnen in ziemlich kurzer Zeit und mit wenig Materialaufwand etwas produziert – anders als beispielsweise beim Puppenmachen, Buchbinden und Pralinenherstellen, was ich ebenfalls schon praktiziert habe. Die Mindestausstattung, Skizzenbuch und Stift, passt in nahezu jede Tasche.

Und hinterher kann man stolz sein, sogar mit Langzeitwirkung: Eine Wand neben meinem Schreibtisch ist fast komplett mit diesen Urlaubserinnerungen geschmückt. Damit kann ich mich in kleinen Fantasiereisen immer wieder dorthin träumen.

Ähnliche Momente der Konzentration, Achtsamkeit und des Flows erleben wohl die Menschen, die die derzeit so beliebten Ausmalbücher für Erwachsene bunt verzieren. In den Buchhandlungen liegen ganze Stapel zur Auswahl – und den Stiftfabriken gehen derzeit die Buntstifte aus, habe ich gelesen. Auch in meinem Buch „Mein Weg zu mehr Gelassenheit" findest Du sechs wunderschöne Mandalas zum achtsamen Ausmalen. Denselben Effekt hat das Handlettering: Die Konzentration auf das sorgsame Gestalten von Buchstaben wirkt beruhigend.

Wer's theoretisch mag: Den Vorgang nennt man „Focus Shift". Durch das Verschieben der Aufmerksamkeit weg vom Problematischen auf etwas anderes wird eine Entspannungsreaktion ausgelöst. Genau das passiert bei klassischen Atemübungen wie meinem „Entspannungsmuff".

Welche Erfahrungen hast Du mit (Aus)malen und Zeichnen, um Dich aus dem Stress und in gute Gefühle zu bringen?

 Black & white: Achtsames Fotografieren, S. 71
Vergissmeinnicht: Mit kleinen Schritten und Erinnerungshilfen aus dem Ablagechaos, S. 96
Entspannungsmuff (Atemübung für warme Hände), S. 234
Gar nicht profan: Alltagstätigkeiten verschönern tut gut!, S. 242

 www.seelenbalancieren.de/89h1

Wenn's Dir mulmig wird ...: (Seelen)balancieren im Waldseilgarten

Das Foto sieht tatsächlich harmloser und näher am Boden aus, als die Szene in Wirklichkeit war ...

„Mir ist mulmig, da wird's mir ganz anders ..." Freizeitaktivitäten mit Körpereinsatz und weg vom festen Boden bringen uns nicht nur Freude, sondern stürzen uns öfter mal in gemischte Gefühle. Sicherlich kennst Du das, sei es auf dem Berg, auf dem Wasser oder eben – wie bei mir im Hoch- oder Waldseilgarten. Den kann ich übrigens zum (Seelen)balancieren rundum empfehlen!

Meine Empfehlung: Balanciere mal wieder, auch in höheren Höhen

„Na toll", höre ich Dich schon murmeln, „jetzt schickt mich die Sandra zum Balancieren nicht nur auf die Teppichkante, sondern gleich in sechs oder acht Meter Höhe ..." Stimmt! Die Empfehlung mit dem Teppich stammt aus meinem Selbststärkungsbuch „Ich wünsche mir Gelassenheit". Dort erläutere ich, warum ich überzeugt bin, dass man für körperliches und seelisches Balancieren dieselben hilfreichen Mechanismen einsetzen kann. Falls Dir vor der Höhe schaudert: Im Buch lasse ich ANNA erzählen, was ihr bei Höhenangst auf einem Turm geholfen hat, nämlich den Atem zu beobachten.

Das hilft bei mulmigen Gefühlen

Wie schon in den Sommern der letzten Jahre war ich wieder in einem
Waldseilgarten unterwegs, in Vorfreude auf das Erfolgserlebnis und
die gute Laune, die sich danach als Belohnung einstellen. Das war, wie
jedes Mal, eine gute Gelegenheit, meine Selbststärkungsmethoden an-
zuwenden, denn natürlich wird mir da oben mulmig. Daher berichte
ich Dir jetzt geprüft aus erster Hand, was mir hilft, wenn ich in den
Bäumen stehe und über vergleichsweise waghalsige Abgründe balanciere oder mich hangeln soll – alles bei geringstmöglichem Risiko,
man ist nämlich wirklich gut gesichert:

- bewusst atmen (mit dem Gefühl, beim Ausatmen nach unten stabil
  zu werden), lächeln und eine aufrechte Haltung einnehmen: Wie so
  oft unterstützt mich auch hier das „Bodyfeedback", von dem ich Dir
  regelmäßig erzähle. Mein Hirn liest „ah, so schlimm kann's ja gar
  nicht sein" und schüttet Entspannungshormone aus.

- die Gedanken in eine positive Richtung lenken: „Ich KANN das!"
  (statt innerlich oder womöglich laut „Das schaffe ich NIE!", wie ich
  es oft bei anderen beobachte) ist mein Zaubersatz.

- ein stärkendes Gedankenbild finden: Bei mir ist das „Ich bin eine an-
  mutige Seiltänzerin". Klingt vielleicht übertrieben, hilft aber.

- ganz im Hier & Jetzt sein: Ich konzentriere mich immer auf den
  nächsten Handgriff und Schritt, gelebte Achtsamkeit. Da bleibt keine
  Zeit für Grübeln über irgendwelche Probleme. (Allerdings auch nicht
  für einen kreativen Gedankenfluss, wie er sich beim Laufen oder
  Schwimmen bei mir häufig einstellt.) Das ist der Grund, warum das
  Klettern für viele Menschen einen – trotz der Anstrengung – entspannenden Effekt hat.

Du siehst, das ist wieder mal ein enges Zusammenspiel von Körper, Geist und Seele … Und meine *Seelenbalancieren*-Strategien helfen auch in anderen Lebenssituationen, nicht nur hoch oben auf den Bäumen. Vergleiche sie mal mit meinen Einschlafhilfen, dann wirst Du überraschende Parallelen finden!

 Hast Du ähnliche Erlebnisse, vielleicht bei anderen Sportarten oder Freizeitaktivitäten? Was sind Deine Strategien, wenn Dir mulmig wird?

 Fällt herab kein Träumelein: Einschlafhilfen und wie sie wirken, S. 204
ANNAs dritter wirksamer Wundersatz für innere Balance: Atmen, S. 77
ANNAs fünfter wirksamer Wundersatz für innere Balance: Aufrecht, S. 132

 www.seelenbalancieren.de/1eyh

Den Urlaub in den Alltag verlängern

Dieser Aufsatz ist ein „Evergreen", den ich schon mehrmals im Jahresabstand mit leichten Aktualisierungen veröffentlicht habe. Beim Originalbeitrag findest Du die Links zu den vorigen Jahren – jeweils mit einer Fotocollage meiner schönsten Erinnerungsbilder aus Italien, Frankreich und England.

Die Urlaubserholung verflüchtigt sich ja oft viel zu schnell, Du kennst das sicherlich. Kaum ist man da, fressen einen die Alltagspflichten auf; kaum hat die Arbeit angefangen, ist man im alten Trott …
Im Frühsommer fahren meine Familie und ich regelmäßig in ein anderes Land in den Urlaub, meist Mittelitalien oder Südfrankreich, manchmal auch Südengland. In den letzten Jahren habe ich eine Reihe von kleinen Tricks gefunden, die guten Gefühle aus diesen bereichernden Reisen noch etwas in den Alltag hinein zu verlängern. Vielleicht ist ja die eine oder andere Anregung für Dich dabei?

 1. Ich zehre noch ewig von meinen Fotos und mache immer ein handbeschriftetes Album aus den schönsten, mit eingeklebten Museumstickets u.ä. Eine der Postkarten, die ich ganz altmodisch aus dem Urlaub schreibe, wird netterweise immer an mich zurückgegeben; die kommt natürlich auch ins Album. Meine Digitalkamera erleichtert mir, Erinnerungsbilder als Bildschirmhintergrund auf dem PC zu platzieren.

2. Beim Fotoalbum hilft mir mein Reisetagebuch, das ich während des Urlaubs täglich führe und durch das ich mich nochmal genauer erinnern kann; auch Jahre später für weitere Urlaubsvor- und -nachbereitungen.

3. Ich nehme immer ein paar landestypische Spezialitäten mit heim, von denen wir in den Tagen nach dem Urlaub noch schnabulieren; aus den Mittelmeerländern beispielsweise Oliven, Ziegenkäse und Forellenpastete.

4. Im jedem Urlaub male ich laienhaft ein Aquarellbild, mit dem ich meinen Lieblingsausblick oder Ähnliches festhalte. Das achtsame Malen – mich ein paar Stunden nur darauf zu konzentrieren – ist eine kleine Kraftquellentätigkeit für mich. Neben meinem Schreibtisch daheim ist die ganze Wand mit diesen bunten Bildern in Wechselrahmen gepflastert. Daran erfreue ich mich ungelogen immer wieder, damit hole ich mir Sommergefühle in die düstersten Wintertage!

5. Den ersten Werktag nach dem Urlaub versuche ich, wenn es irgendwie machbar ist, noch freizunehmen. Und zwar nicht, um dann zu putzen-waschen-bügeln, sondern um in aller Ruhe rumzupusseln und einfach Zeit zum Ankommen zu haben, noch ohne Pflichten und Termindruck. Am liebsten starte ich diesen ganz besonderen Tag mit einem ausführlichen schönen Frühstück.

6. Und außerdem lasse ich mich bei der Gestaltung unseres kleinen Balkons gern von den Farben und Düften des jeweiligen Urlaubslandes inspirieren. Nach Südfrankreichurlauben ist unser

Balkon viel stärker duftorientiert bepflanzt als in den anderen
Jahren: Rosenstöckchen, Lavendel und Zitronenmelisse, Stein-
kraut und Minze. Einmal kam sogar ein kleines selbst importier-
tes Olivenbäumchen hinzu – siehe Foto (S. 68). Mein heißgeliebter Balkon bietet mir also eine weitere Verlängerung des
jeweiligen Urlaubs, an der ich mich bis in den November hinein
täglich erfreue! (Zumindest beim Blick von der Küche aus durch
die geschlossene Balkontür. Diesen sonnenbeschienenen Sitz-
platz in der Küche nenne ich meinen „Wintergarten" zum Zei-
tungslesen.)

7. Wenn ich eine Zeitlang weg war, nehme ich das Altvertraute
bewusster wahr. Diese offene Haltung versuche ich, mir noch
länger zu bewahren und Wundersames & Wunderbares im Alltag zu entdecken, z. B. indem ich Touristin in meiner eigenen
Stadt spiele.

 *Wie verlängerst Du die guten Urlaubsgefühle und -erinnerungen
in Deinen Alltag hinein?*

 Wundersames und Wunderbares entdecken, S. 19
Im Skizzen-Flow: Entspannung und Freude durch achtsames Zeichnen und
Malen, S. 62
„Wintergarten" und „Frühlingsröllchen": Selbststärkung mit schönen Worten,
S. 148
Elfchen „Mein Küchenbalkon", S. 249

 www.seelenbalancieren.de/r83d

Black & white:
Achtsames Fotografieren

*Beim Originalartikel zeige ich
Dir eine ganze Reihe von Fotos
dieser Serie, in der ich meine ver-
traute Umgebung mit ganz neuen
Augen entdecken durfte.*

*„Sieben Tage mit Schwarz-Weiß-Fotos aus meinem Alltagsleben. Keine
Erklärung. Keine Bilder von Menschen."*
So lautet die Anleitung für eine sogenannte „Challenge", zu der ich auf
einem sozialen Netzwerk eingeladen wurde. Erst dachte ich, „Wow!
Aber … Ich fotografiere zwar gern, aber Schwarz-Weiß ist so gar nicht
mein Medium. Wie soll ich alte Fotos umwandeln, damit sie in
schwarz-weiß attraktiv aussehen? Hab gerade eh keine Zeit dafür." Darauf bekam ich den Tipp, dass ich direkt auf dem Smartphone mit einem Filter die Bilder machen und einfach hochladen könne. Nun habe
ich zwar kein Smartphone, aber eine Digitalkamera, ebenfalls mit Fil-
terfunktion. Und erst dann las ich mir die Anleitung noch einmal durch
und begriff, dass es ja um mein derzeitiges Alltagsleben geht, nicht um
bereits vorhandene Fotos von irgendwann und irgendwo. Den Schubs
nahm ich auf – und so kam es zu meiner kleinen Fotoserie.

DENN – und darum erzähle ich Dir das alles: Mein Blick auf meine
Umgebung wurde erweitert! Ich bin nicht nur einmal, sondern mehrmals auf Motivsuche durch unsere Wohnung und unser Haus gegan-

gen. Inzwischen springen mich – selektive Wahrnehmung – sogar interessante Strukturen auf der Straße an, die in schwarz-weiß toll aussehen würden. Normalerweise halte ich Naturmotive, Urlaubserinnerungen und Personen fest, alles schön bunt; ohne „künstlerischen Anspruch". Die Farbreduktion auf schwarz-weiß und der Detailblick lassen mich ganz neue Winkel entdecken. Ich staune, was mir sonst im Alltag so alles entgeht! Während der Suche bin ich ganz davon gefangen und darauf konzentriert. Ich nenne das „Achtsames Fotografieren", es ist für mich eine Variante von Alltagsmeditation.

 Ähnlich wie beim Achtsamen Zeichnen/Malen und beim Handlettering, dem achtsamen Buchstabenzeichnen, ist man fokussiert und vergisst währenddessen alles andere, auch Belastendes. Das wirkt entspannend und bereichernd; die kreativen Ergebnisse machen stolz. Sehr empfehlenswert. Probier's mal aus! Vielleicht machst Du Deine ganz persönliche „Seven days in black and white"-Challenge?

 Im Skizzen-Flow: Entspannung und Freude durch achtsames Zeichnen und Malen, S. 62

 www.seelenbalancieren.de/n4up

Stolze Grüße vom Kletterbaum oder Mach mal wieder was ganz altes Schönes oder was ganz Neues!

Unseren wunderbaren Kletterbaum, der leider inzwischen nicht mehr steht, kennst Du schon vom Elfchen „Mein Lieblingsbaum".

Hey, ich hab's getan! Nach Jahrzehnten bin ich zum ersten Mal wieder auf einen Baum geklettert, meinen Lieblingsbaum. Zu verdanken habe ich das meinem Sohn, der mich nicht nur ermutigt, sondern mir glücklicherweise genau vorgemacht hat, wie ich hinauf und unbeschadet auch wieder runter komme. Mein mehr als 50 Jahre alter Körper ist nicht mehr so beweglich wie als Jugendliche – und mein Innerer Angsthase hat ganz schön laut „Ich trau mich nicht!" gerufen … Aber es hat alles gut geklappt. Ich habe mich gefühlt wie auf dem Quittenbaum im Garten meiner Kindheit. Und ich wurde mit Glücksgefühlen und Stolz belohnt!

Nun will ich Dich nicht auf Bäume schicken, wie in den Waldseilgarten. Aber ich möchte Dich ermuntern und anregen, öfter nach Langem wieder mal etwas altes Schönes zu tun oder auch etwas ganz Neues auszuprobieren. Warum? Um körperlich-geistig-seelisch nicht einzurosten, um flexibel zu bleiben, um Dich lebendig zu fühlen. Gelebtes *Seelenbalancieren!*

Das können vollkommen unterschiedliche Dinge sein! Ein paar Beispiele, was ich in letzter Zeit in diese Richtung unternommen habe:
• Ich putze die Zähne nicht mehr nur mit der rechten Hand, sondern
  halb rechts und halb links, und zwar auf dem jeweiligen Gegenbein
  stehend. Das ist einerseits eine fußmuskelstärkende Balanceübung.
  Andererseits werden dabei beide Gehirnhälften und die Mobilität der
  ungeübten Hand trainiert.
• Im Urlaub haben wir innerfamiliär angefangen, Backgammon zu lernen und ganze Stunden zweckfrei, aber nicht sinnlos gespielt.
• Ebenfalls in unserem Sommerfrische-Urlaub habe ich ausprobiert,
  ob ich beim Laufen die ganze Runde ums Dorf schaffe. Ich hätte jederzeit aufhören können, das war mein „Trost". Jawoll: Es hat geklappt, gut doppelt so weit und lang wie sonst! So eine lange Strecke
  zu joggen war für mich ebenfalls schon einige Jahre her. Auch darauf
  war ich ganz schön stolz, das kannst Du mir glauben …
• Und eine besondere Premiere hatte ich vor ein paar Tagen: Ich habe
  relativ spontan zum ersten Mal eine kleine Bergwanderung ganz allein unternommen. Hat Spaß gemacht!

Du siehst, es geht hier um vollkommen subjektive Themen, die ganz
unterschiedlich aussehen können. Die alleinreisenden asienerfahrenen
Frauen, die ich kenne, lächeln vielleicht über meine harmlose kleine
Wanderung; und ich verrate Dir hier auch, dass meine Laufstrecke ver-
gleichsweise magere knapp zehn Kilometer lang war. Aber es waren
MEINE kleinen Erfolge und großen Glücksmomente!

Was ebenfalls deutlich wird: Im Urlaub und in entspannten Phasen
sind wir offener für Neues als im Alltagsstress und -trott; oft auch kuli-
narisch. Umgedreht klappt's aber auch! Wenn Du Dir etwas Kleines
überlegst, das Du im Alltag anders machen könntest, und das dann in

Mini-Schritten umsetzt, kannst Du Dir damit gute entspannende Gefühle verschaffen. Probier's aus!

 Welche guten Erfahrungen hast Du damit, ganz neue Dinge auszuprobieren oder schöne alte mal wieder zu tun?

 Wenn's Dir mulmig wird ...: (Seelen)balancieren im Waldseilgarten, S. 65
Elfchen „Unterm Lieblingsbaum", S. 151

 www.seelenbalancieren.de/ep3q

Elfchen „Loipenglückseligkeit"

Hach, bei Sonnenschein im fri-
schen Schnee auf einer gut ge-
spurten Loipe fast allein in der
Natur langlaufen – da könnte
ich juchzen! Das steht definitiv
auf meiner Lebensfreudeliste.
Der Inspirationsschub, den ich
dabei regelmäßig erhalte, hat
sich – unter anderem – in Loi-
penfotos, die Du beim Original-
beitrag findest, und in einem
Elfchen niedergeschlagen:

Loipe
frisch gespurt
führst mich sicher
allein in der Natur
Glückseligkeit

 Welche Winteraktivitäten machen Dich so glücklich, dass Du
ihnen ein Elfchen widmest?

 Federleicht hingetupft: Anleitung zum entspannenden Elfchen-Schreiben (mit
Elfchen-Elfchen), S. 23
Seelenbalancieren im Schnee, S. 56

 www.seelenbalancieren.de/i86s

ANNAs dritter wirksamer Wundersatz für innere Balance: Atmen

Jeder Mensch, der sich bewusst aus einer aktuellen Stresssituation helfen will, kann diese Gelassenheitsformel brauchen. Mit ihr lenkst Du die Gedanken achtsam auf die Atmung und holst Dir damit entspannende „Erste Hilfe" gegen das, was Dich belastet oder ärgert. Zugleich wendest Du den Blick auf das Positive („was ich brauche"). Die Konzentration auf Deinen Atem ist auch DAS Mittel der Wahl, wenn Du Schmerzen oder Angst, z. B. vor „Energievampiren" in Deiner Umgebung oder auch Höhenangst, verringern willst. Es funktioniert wirklich, versprochen!

 Wenn's Dir mulmig wird ...: (Seelen)balancieren im Waldseilgarten, S. 65
Pieks: Spritzenschmerzen wegatmen, S. 129
Tief durchatmen statt Schnappatmung oder Alles zu seiner Zeit, S. 212

 www.seelenbalancieren.de/nc0g

 Diesen Wundersatz gibt's auch als Kritzelfilm: www.seelenbalancieren.de/930x

Arbeit darf Spaß machen

Highlight, Adler, Futur II:
Drei Jahresrück- und -ausblicke,
die Dich Deinen Träumen näher bringen

Nach dem guten Start in den Tag zu Beginn des Buchs („Mein Guten-Morgen-gute-Laune-Song") hier ein Beitrag zum guten Start ins Jahr.

Wohin des Wegs? Wie geht's weiter mit der Umsetzung Deiner Träume?

Die Zeit zwischen den Jahren ist für mich immer eine wunderbare Gelegenheit zu überlegen, was im letzten Jahr passiert ist, was mir richtig gut gelungen ist, was mich im Folgejahr vermutlich erwartet und was ich mir vornehme – Fernziel Traumerfüllung.

„Isolation is a dreamkiller" ist in diesem Zusammenhang ein wichtiger Satz der von mir sehr geschätzten Coachfrau und Autorin Barbara Sher. Daher versuche ich zunehmend, mich sowohl im Internet als auch live mit anderen zur gegenseitigen gedanklichen Befruchtung zu vernetzen. Da ich nicht nur gern anderen Menschen Impulse zur Selbststärkung gebe, sondern auch freudig Impulse aufnehme, freut es mich ganz besonders, dass ich Dir heute gleich drei kleine Anleitungen für Jahresrück- und ausblicke geben kann, die ich durch meine Netzwerkarbeit bei Coach-Kolleginnen gefunden habe und die mich inspirieren. Die Namen der Methoden stammen von mir.

1. Stolperstein und Highlight

Bei einem Treffen des (inzwischen aufgelösten) Unternehmerinnen-Netzwerks „women together" hat die Leiterin Astrid Reinhardt die Begrüßungsrunde mit einem kleinen Rück- und Ausblick verbunden. Wir erhielten bzw. gaben reihum weiter einen Stein und ein hübsch verziertes Glas mit einem brennenden Teelicht darin und durften ein weiteres Teelicht für uns selbst anzünden und behalten. Jede von uns sollte sich kurz vorstellen und dann anhand der Symbolgegenstände berichten:

- *Was war im abgelaufenen Jahr mein Stolperstein, den ich gedanklich wegwerfen möchte?*
- *Was war mein Highlight?*
- *Wofür wünsche ich mir im nächsten Jahr ein Licht, also Erleuchtung?*

2. Adler-Perspektive

Jutta Held, Perspektiven-Coach, und ich arbeiten an ähnlichen Themen und tauschen uns mit Freude und Gewinn aus. Unter anderem hat Jutta, die „Anders-Macherin", mich für ihre Podcast-Serie interviewt.

Auf ihrem Impulse-Blog empfiehlt Jutta Held Blicke aus der Adler-Perspektive, die ich Dir für einen Jahresrück- und -ausblick empfehle. Die vier zentralen Fragen dabei sind:

- *Was ist Dir gelungen, worauf bist Du so richtig stolz?*
- *Wovon würdest Du gern mehr tun?*
- *Was würde Dich dabei unterstützen, Deinen Wünschen/Zielen näherzukommen?*
- *Was kannst Du heute tun, um den ersten Schritt zu machen?*

3. Futur II

Martje Kleinhans habe ich im Internet als Life Coach kennengelernt; zunächst sind mir auf ihrer Website „Smart Ladies" ihre hinreißenden Sketchnotes (Zeichnungen und handschriftliche Notizen) aufgefallen. Sie wurde unter dem Namen „Kritzelfee" meine Lehrerin, denn ich durfte in ihrem und David Goebels großartigem Online-Kurs „Buchstäblich begeistern" die Grundlagen des Handletterings lernen – was ich sichtlich immer öfter einsetze (*www.seelenbalancieren.de/2xmt*).
Bei Martje bin ich auf die originelle Idee des Rückblicks aus der Zukunft gestoßen, wiederum mit einer „Highlight"-Frage:

- *Wie war das nächste Jahr für Dich? Was war Dein Highlight?*
- *Gute Vorsätze mal andersrum: Wenn jetzt schon kommendes Jahr wäre – was würdest Du über das gerade beginnende Jahr erzählen können?*
- *Was hast Du erreicht? Was hast Du erlebt?*
Je detaillierter Du Dir die Situation vorstellst, umso kraftvoller ist diese Vision und umso stärker wird Dich Dein Unterbewusstsein bei der Umsetzung unterstützen.

Ich wünsche Dir von Herzen viel Freude beim Ausprobieren der Jahresrück- und ausblicke und dass Du Dir Träume erfüllst oder ihnen zumindest näher kommst!

Entwicklung, S. 244
Mein Tempo, meine Zeit, mein Rhythmus, S. 246

www.seelenbalancieren.de/z64n

Von Feier-Tagen und Feier-Abenden

Manche alltagsvertrauten Worte bekommen durch eine andere Schreibweise oder Betonung wieder mehr Bedeutung ...

Eine Bank mit Ausblick, Ausruhen, Zeit zum Spazierengehen und Sinnieren. Löst das Winterbild bei Dir ähnliche Assoziationen und Sehnsüchte aus wie bei mir? Ich nehme es in dieser angenehm entspannt-beschaulichen, irgendwie schwebenden feiertagsbegrenzten Zeit „zwischen den Jahren" als schönen Anlass, über die Qualität von Feiertagen und Feierabenden nachzudenken – und hoffentlich Dir damit ein paar Selbststärkungsimpulse zu geben.

Die Weihnachts- und Silvester-/Neujahrsfeiertage sind vorbei, Heiligdreikönig steht vor der Tür. Für viele oft eher stressig als erholsam, jedem Reklame- und Radiomusikklischee zum Trotz ... Wie gut hast Du für Dich gesorgt? Konntest Du Dir Freiräume verschaffen oder warst Du vor allem Geschenke-Weihnachtsfeier-Familientreffen-Organisationsmarathon-gepeitscht?

Oft haben wir ja gar nicht mehr im Kopf, dass es ums Feiern geht. Das sollte im besten Fall mit Lebensfreude und Leichtigkeit zu tun haben,

oder? (Auch die offiziellen Trauertage kann man für sich in Dankbarkeit, am Leben zu sein, umdefinieren.)
Ich hab's diesmal tatsächlich geschafft, Weihnachten ganz bewusst ruhig angehen zu lassen: nur einmal Plätzchen gebacken, dafür gleich die doppelte Menge; die Geschenke peu à peu gekauft bzw. schon im November an einem langen Küchenabend mit Harry-Potter-Hörbuch genussvoll selbst eingekocht; es bei dezenter Weihnachtsdeko in der Wohnung belassen. Und am 22. Dezember im Büro in aller Ruhe alles weggearbeitet, open end, ganz ohne Zeitdruck. Als ich dann beim Heimradeln durch den Winterabend „We wish you a merry Christmas" gepfiffen habe, war mir sehr leicht und wohl ums Herz: voll Vorfreude auf unsere Familienbesuche, Freundeskreistreffen und zwei freie Wochen!

Die Feier-Tage als freie Tage mit den Liebsten oder auch mit sich selbst genießen ist das eine, das andere ist, wie man die Wochen-Enden (!) gestaltet und wie viel davon man sich von Arbeit frei hält. Gerade für Selbstständige mit Home-Office wie mich ist die Gefahr groß, eigentlich immer – durchaus auch am Abend und am Wochenende – zu arbeiten, „selbst und ständig", wie häufig kolportiert wird. Ich bin derzeit dabei, mir wenigstens einen Tag pro Woche frei zu halten für die vielen anderen schönen Dinge des Lebens. Es genügt mir nicht mehr, immer nur andere anzuregen, sich um sich zu kümmern. Selbstfürsorge auch für mich, jawoll!

Das führt mich zum Thema „Feier-Abend": Wann habe ich eigentlich „frei"? In meinem „halben" Hauptjob im Jugendamt ist das jetzt klar und offiziell geregelt: jeden Dienstag und Donnerstag. Lange hatte ich den Reflex „hurra, kein Büro, dann habe ich ja jetzt Zeit für BALANCE!" Mit dem Effekt, dass ich irgendwann nicht mehr richtig wusste, was Freizeit ist und wann ich das, was ich noch alles gern tue, eigentlich machen soll/will.

Noch so ein Wort als Denkanstoß:

Frei-Zeit ... An diesem Thema bin ich ebenfalls dran und versuche, meine Computerzeiten am Abend früher als eingeschliffen zu beenden. Ich will lernen, echten Feierabend zu machen und mir Zeit für meine sonstigen Interessen zu nehmen. BALANCE ist nämlich nicht mein Hobby, sondern (mich sehr erfüllende und begeisternde) Arbeit. Das muss ich mir immer wieder klarmachen. Auch die Kraftquelle Schlaf kommt bei mir leider oft zu kurz ... Weitere Pläne, die sich darauf freuen, von mir umgesetzt zu werden!

 Wie hältst Du es mit dem Feiern und den arbeitsfreien Zeiten?

 Das tägliche Brot der Seele: Schlafen als Kraftquelle, S. 194
Bunte kleine Arbeitspausen: Tipps zum Auftanken in Mini-Einheiten, S. 199
MGLG: selbstfür(mich)sorgliche Erinnerungshilfe an kleine Auszeiten im Alltag, S. 209

 www.seelenbalancieren.de/3rg5

Bergtour, Beppo, Baby Steps: Drei Gelassenheitsstrategien, mit denen Du große Aufgaben schaffst

Gewidmet meiner Freundin A., die mich gebeten hat, etwas Hilfreiches zum Thema Aufschieberitis zu schreiben. Aber gern!

Aufschieberitis, im Fachjargon Prokrastination, ist eine energiezehrende Angelegenheit … Kennst Du das Phänomen, alles Mögliche andere zu tun als Dich Deiner eigentlichen wichtigen Aufgabe zu widmen, z. B. der Studienarbeit (und stattdessen putzt oder bügelst), der Ablageaktion auf Deinem zugewachsenen Schreibtisch (und stattdessen Zeitung liest), dem Arbeitsprojekt (und stattdessen vermeintlich wichtige Netzwerkgespräche führst)? Damit bist Du wahrlich nicht allein. Die jeweilige Aufgabe erscheint uns wie ein rieeeesiger Berg und macht uns richtiggehend Angst. Kein Wunder, dass wir sie vermeiden …

Ich zeige Dir hier drei – auch von mir selbst – erprobte und bewährte Strategien, mit denen Du selbstfürsorglich und achtsam aus beängstigend großen Themen unbedrohlich kleine machst, so dass Du sie dann tatsächlich bewältigst. Peu à peu und gelassen. Die drei greifen ineinander; alle drei haben eine Entschleunigung und eine Verkleinerung zum Ziel. Such Dir aus, welches Gedankenbild und Vorgehen Dir am besten gefällt!

Noch ein Gedankenstups, bevor's losgeht: Womöglich ist Dein eigener Anspruch an Dich so hoch, dass Du Deine Aufgabe scheust? Wie Du mit fünf Kraftsätzen Deinen eigenen Perfektionismus ein bisschen weniger mächtig machen kannst, erfährst Du in meinem Artikel „Niente panico".

Gelassenheitsstrategie 1: Die Bergtour

Hier zitiere ich mich selbst aus meinem Impuls- und Notizbuch „Mein Weg zu mehr Gelassenheit". Beim Impulsthema Motivation schreibe ich:

„Motivationstipps für Riesenaufgaben: Zerlegen Sie Ihre ,Tour' in kleine, machbare Etappen. Planen Sie Zwischenpausen ein, in denen Sie sich regenerieren und zurückblicken auf die Strecke, die Sie bereits hinter sich haben. Das verschafft Ihnen regelmäßige Erfolgserlebnisse. Am Ende wird gefeiert. Malen Sie sich schon unterwegs aus, wie großartig Sie sich fühlen werden!"

Die Bergtour-Strategie ist besonders geeignet für längerfristige Projekte. Nur blutige Laien laufen einfach los. Du bist ein Profi! Mach Dir also einen richtigen Plan: Was ist Dein großes Ziel? Welche Teilpäckchen (Touretappen) bieten sich an? Welche Informationen und Werkzeuge brauchst Du dafür (Karten, wetterfeste Ausstattung)? Wann und wo wirst Du wie Zwischenbilanz ziehen (Pausen, Regeneration)? Wer kann Dich unterstützen und beraten (Mitwandernde)? Wie wirst Du Dich wofür belohnen? Was wartet am Ende auf Dich (Blick vom Gipfel)?

Der besondere Trick ist das Vorwegnehmen der guten Gefühle. Mit dem Schwung „wie wenn ich es schon geschafft hätte" kannst Du viel leichter an die Dinge gehen!

Gelassenheitsstrategie 2: Beppo Straßenfeger

Michael Ende lässt im vierten Kapitel seines Buchs „Momo" den alten Beppo Straßenfeger erzählen, wie es ihm gelingt, eine schrecklich lange Straße zu schaffen, ohne zu verzweifeln oder aus der Puste zu kommen. Sein Geheimnis heißt „Schritt – Atemzug – Besenstrich":

„Man darf nie an die ganze Straße auf einmal denken, verstehst du? Man muß nur an den nächsten Schritt denken, an den nächsten Atemzug, an den nächsten Besenstrich. Und immer wieder nur an den nächsten.' Wieder hielt er inne und überlegte, ehe er hinzufügte: ‚Dann macht es Freude; das ist wichtig, dann macht man seine Sache gut. Und so soll es sein.'"

Am scharfen S beim Wort „muss" siehst Du, dass meine Ausgabe alt ist – sie stammt schon von 1974, aus meiner Kindheit. Das macht den Inhalt jedoch nicht weniger aktuell. Es geht eindeutig um Achtsamkeit, um das Aufgehen im Hier & Jetzt! In diesem Buch zeige ich Dir eine Reihe von kleinen Achtsamkeitsübungen, die Du prima in Deinen Alltag einbauen kannst.

Für Dein großes Projekt heißt das: Konzentriere Dich auf einzelne Arbeitssegmente und führe sie mit Sorgfalt aus. Sorge Dich nicht um die Zukunft, sondern bleibe in der Gegenwart! Gönne Dir eine bunte kleine Pause und atme, mache dann weiter. Setze den Rhythmus fort, bis Du Dein Tagesvorhaben erreicht hast. Bewusstes Ein- und Ausatmen ist Erste Hilfe gegen Stress! Wie Beppo sagt: Dann kannst Du besser weiterarbeiten, und alles macht mehr Freude.

Gelassenheitsstrategie 3: Baby Steps

Um diese kleinen Arbeitssegmente zu beschreiben, verwende ich den Ausdruck „Baby Steps". Ein kleiner Schritt nach dem anderen … Dieses Konzept ist bei mir schon vor Jahren aus einer Filmkomödie hängengeblieben: „Was ist mit Bob?" von 1991 mit Bill Murray.

Darin geht es unter anderem um das Buch „Babyschritte" (Baby Steps) eines Psychiaters, das seinen Patienten dazu anregt, alle Alltagsaufgaben, an denen er vorher schier gescheitert ist, in

Kleinstschritte zu unterteilen: „Babyschritte zum Kühlschrank, Babyschritte zum Tisch" etc. Mit diesen Mini-Schritten schafft er es!

Um Deine großen Aufgaben zu schaffen, solltest Du sie also in Kleinsteinheiten zerteilen. Beim zugewachsenen Schreibtisch kann beispielsweise der Trick darin bestehen, die Unterlagen und Dinge in eine Reihe von kleinen Kartons zu verteilen. Nach und nach nimmst Du sie Dir vor und räumst jedes Teil in einem vorher festgelegten Zeitraum an seinen eigentlichen Ort – der auch der Papierkorb sein kann. Nach der Zeit, für die Du Dir am besten einen Wecker stellst, hörst Du wieder auf. Schon fünf Minuten bringen was, wenn Du Tag für Tag dran bleibst!

So kommt die kleine Schnecke auf den großen Berg Fuji
Eine schöne Zusammenfassung der drei Strategien ist für mich dieses Gedicht, ein Haiku aus dem alten Japan:

Ja, kleine Schnecke
Besteige den Berg Fuji
Aber ganz langsam
(Issa Kobayashi, 1763–1827)

Es finden sich viele leicht voneinander abweichende Übersetzungen. Ich wähle die aus dem wunderbar entschleunigenden Buch „Das Geräusch einer Schnecke beim Essen" von Elisabeth Tova Bailey. Ein Lesetipp!

 Welche Erfahrungen hast Du mit der Aufschieberitis? Welche Gelassenheitsstrategien dagegen kannst Du empfehlen?

„Niente panico": Fünf Kraftsätze, die Dir helfen, Deinen eigenen Perfektionismus abzuschwächen und das Leben mehr zu genießen, S. 162
ANNAs siebter wirksamer Wundersatz für innere Balance: Ich will, S. 190

 www.seelenbalancieren.de/ulkc

Ein Satz mit Zauberkraft:
Muss ich das jetzt machen?

Diese spezielle Wandgestaltung mit ca. 30 Zentimeter hohen Erdbuchstaben habe ich in meinem Lieblingspark, dem Münchner Alten Nördlichen Friedhof, gefunden.

Bei meiner Online-Netzwerk-Kollegin Sandra Reekers (*www.sandra-reekers.de*) habe ich einen von ihr wunderschön handgeletterten Satz in fünf Betonungsvarianten entdeckt, den ich seitdem immer wieder sehr hilfreich im Alltag einsetze. Er hat geradezu Zauberkraft, um Prioritäten zu setzen und die Macht der inneren Antreiber zu reduzieren! Hier meine Impulsfragen dazu:

MUSS ich das jetzt machen?
Oder sind „nur" meine inneren Antreiber wieder am Werk? Meine innere Perfektionismus-Stimme, mein Innerer Kritiker? Gefällt mir vielleicht besser, „ich muss nicht – ich darf!"? Oder „ich muss nicht – ich will!"?

Muss ICH das jetzt machen?
Oder übernehme ich vielleicht schon wieder zu viel Verantwortung? Bin ich zu sehr in der Mama-Rolle? An wen könnte ich das delegieren?

Muss ich DAS jetzt machen?
Oder bin ich schon wieder mal am Prokrastinieren und fröne meiner Aufschieberitis? Steht gerade nicht eigentlich etwas viel Wichtigeres an?

Muss ich das JETZT machen?

Oder kann ich es auch auf ein andermal verschieben? Mache ich dafür einen Termin mit mir selbst?

Muss ich das jetzt MACHEN?

Was passiert Schlimmes, wenn ich es nicht tue? Kann ich mich da entlasten?

 Welche Erfahrungen hast Du mit den verschiedenen Facetten dieses Zaubersatzes?

 ANNA erzählt: Mamagefühle oder „Gib ihnen Flügel", S. 39
Bergtour, Beppo, Baby Steps: Drei Gelassenheitsstrategien, mit denen Du große Aufgaben schaffst, S. 86
ANNAs erster wirksamer Wundersatz für innere Balance: Ich darf, S. 26
ANNAs siebter wirksamer Wundersatz für innere Balance: Ich will, S. 190

 www.seelenbalancieren.de/cm3q

Genuss-Putzen statt Muss-Putzen: Gelassenheitstipps rund um den Haushalt

ANNA erzählt in meinem ersten Buch „Ich wünsche mir Gelassenheit. Ein Balancierkurs für die Seele" unter der Überschrift „Ungeliebte Pflichten", wie sie sich mit Selbststärkungs-Methoden das Badputzen sympathischer macht. Hier biete ich Dir eine Erweiterung der Thematik.

Putzen, aufräumen, ausmisten … Nicht jedem Menschen ist es gegeben, diese Tätigkeiten rund um den Haushalt als Vergnügen und Energietankstelle zu sehen. Mir jedenfalls nicht, ich stehe dazu. Dennoch bin ich im Laufe der Zeit vorangekommen, mehr Spaß an diesen Aufgaben zu finden, denen ich ja eh nicht entkomme. Ich habe Dir hier mein „Best of" der Methoden zusammengestellt, die ich mir im Laufe der Jahre (ach was, Jahrzehnte!) selbst erarbeitet oder angelesen und erfolgreich erprobt habe. Ich wünsche Dir viel Freude und Erfolg beim Anwenden!

1. Nutze Deinen Kopf, bevor Du Deine Hände arbeiten lässt

Ich behaupte, mit schöneren Worten geht alles leichter. Meine eigenen Vorschläge für angenehmere, lustvollere Begriffe lauten „Genuss-Putzen statt Muss-Putzen" und „Lust-Putzen statt Frust-Putzen". Meine Freundin Nunú zelebriert „achtsames Putzen" und spricht von „Wellness für die Wohnung", wenn sie intensiv saubermacht und hingebungsvoll aufräumt. Bei Birgit Faschinger-Reitsam (*www.draufgaengerin.de*) bin ich auf das schöne Wort „PutZEN" (beckenbodenfreundlich mit Ganzkörpereinsatz!) gestoßen.

„ANNAs wirksame Wundersätze für innere Balance" bieten Dir hier im Buch zwei Ansatzpunkte, wie Du Dich gedanklich positiver aufstellen und damit Deine Gefühle beeinflussen kannst: „Ich muss nicht – ich DARF" (und ich darf auch nein sagen!) sowie „Ich muss nicht – ich WILL" (und arbeite alles mit dem vorweggenommenen Schwung weg, wie wenn es schon getan wäre).

2. Putzen: Stärke Dich mit dem, was Deine Sinne mögen

Höre Musik, die Dich mitswingen lässt, belohne Dich für Deine Putzaktion mit einem feinen Duftöl im Bad, verwende Dinge die Du gern ansiehst (Lieblingsfarben und -formen) und anfasst (Materialien), benutze haut-, nasen- und (normalerweise damit auch) umweltschonende Putzmittel. Meine Erfahrung: Mit langlebigen Qualitätsprodukten, die zugleich zweckmäßig sind, macht's mehr Spaß! Daher rate ich Dir vom hübsch altmodischen Staubwedel auf dem Foto ab, er verliert leider Federn. Dagegen hat sich das Lammfell bewährt.

3. Zwei hilfreiche Aufräum-Regeln

Sie klingen banal, helfen jedoch ungemein – wenn Du sie konsequent anwendest:

- die „Kindergarten-Regel": Jeder Gegenstand hat seinen festen Platz. Im besten Fall kennen ihn alle MitbewohnerInnen auch.
- das „magische Gummiband": Jeder Gegenstand wandert direkt nach Benutzung wieder an seinen festen Platz (siehe „Kindergarten-Regel") zurück.

4. Drei hilfreiche Merksätze zum Ausmisten

Für Menschen, die lieber horten und bewahren als weggeben (oder gar wegwerfen!):

- „Das ist eine Wohnung und kein Museum."
- „Das ist ein Kleiderschrank und kein Tagebuch."
- „Das ist ein Bücherregal und kein Archiv."

Oh ja, glaub mir, die drei Merksätze sind wirklich hilfreich …

 Was sind Deine Tipps und Tricks für gelassenen Umgang mit Haushaltspflichten?

 What a difference a word makes …, S. 141
„Wintergarten" und „Frühlingsröllchen": Selbststärkung mit schönen Worten, S. 148
ANNAs erster wirksamer Wundersatz für innere Balance: Ich darf, S. 26
ANNAs siebter wirksamer Wundersatz für innere Balance: Ich will, S. 190

 www.seelenbalancieren.de/jot9

Vergissmeinnicht:
Mit kleinen Schritten und
Erinnerungshilfen aus dem Ablagechaos

Wachsen auch bei Dir in stressi-
gen Phasen manchmal die Stapel
ins Unermessliche? Ich vermute,
ich bin damit nicht alleine …

Verlierst Du manchmal den Überblick bei Deinen Unterlagen? *„Wo*
habe ich was zwischengelagert, um es irgendwann abzulegen? Wo finde
ich nur xy, das hatte ich doch ganz sicher hier?" Und dann die mühsame
und zeitaufwendige Suche, womöglich verbunden mit Schamgefühlen
– ich kenne diese Energieräuber sehr gut … Hier erzähle ich Dir, wie
ich mir mit kleinen Schritten und mit (für mich) schönen Erinnerungshilfen beim Weg aus dem mehr oder minder großen Chaos helfe.

Derzeit stecke ich rund um meinen Schreibtisch in einem größeren
Aussortier- und Aufräumprozess. Da ich im letzten Jahr extrem viel
gearbeitet habe, bin ich da an vielen Ecken und Enden in Rückstand
gekommen. Weil ich in kleinen Schritten vorgehe – schön unterhalb
der Schmerzgrenze; langsam, aber sicher – dauert es einige Zeit. (In
meinem Beitrag „Bergtour, Beppo, Baby Steps" erzähle ich Dir mehr
über drei Gelassenheitsstrategien dazu.) Aber es tut mir so gut, immer
weitere Erfolge zu sehen und den Status dann auch zu halten!

Mit Genuss über die fünf Sinne können wir uns in gute Gefühle bringen, die uns helfen, auch unangenehme Dinge entspannt anzugehen.
Da mir das Lettern, also das Zeichnen schöner Buchstaben, so große

Freude macht, wende ich es nun auch für meine Unterlagen an. Auf dem Foto siehst Du meine neuen Erinnerungshilfen. Als Augenmensch erfreue ich mich an ihrem Anblick, und damit unterstützen sie mich, am Aufräumen dranzubleiben und meine Stapel auseinanderzuhalten. Und auch dabei, am richtigen Tag das zu schreiben und zu veröffentlichen, was ich geplant habe. Heute, an einem Sonntag in der Mitte des Monats, liegen also in einer Klarsichthülle die beiden Karten *Montagsimpuls* und *Nachrichtenbrief* motivierend auf meiner Arbeitsfläche und spielen auf hübsche Art „Vergissmeinnicht".

 Welche Erfahrungen hast Du beim Weg aus dem Ablagechaos, welche Tipps kannst Du weitergeben?

 Bergtour, Beppo, Baby Steps: Drei Gelassenheitsstrategien, mit denen Du große Aufgaben schaffst, S. 86
Von Risiken und Nebenwirkungen: Wie ich ein extrem arbeitsintensives Dreivierteljahr geschafft habe, S. 98
Gar nicht profan: Alltagstätigkeiten verschönern tut gut!, S 242

 www.seelenbalancieren.de/nv5u

Von Risiken und Nebenwirkungen: Wie ich ein extrem arbeitsintensives Dreivierteljahr geschafft habe

Uiuiui, wenn ich mir jetzt im Abstand durchlese, was ich damals alles gleichzeitig gewuppt habe … Mich freut nach wie vor, wie sehr mir meine Methoden bei der Bewältigung der Risiken & Nebenwirkungen geholfen haben.

Du weißt vielleicht, dass ich beruflich mehrere Bälle in der Luft habe: Ich jongliere einen Hauptjob – eine halbe Stelle als Soziologin bei der Münchner Stadtverwaltung – mit meiner BALANCE-Arbeit, in der ich sowohl als Coach als auch als Seminarleiterin, Autorin und Moderatorin tätig bin. Wie man bei so einer Jonglage mit vielen Bällen in der Luft nicht aus dem Gleichgewicht kommt und alles glücklich vereint, ist mein Dauerthema.

Auf der Wippe des Lebens – siehe mein BALANCE-Logo – musste ich jedoch vor einiger Zeit ganz schön intensiv balancieren, um ungeplante Schwankungen auszugleichen und nicht runterzufallen. Ich hab's erfolgreich und relativ unbeschadet geschafft, aber es war nicht leicht. Ich möchte Dir hier erzählen, wie ich es hingekriegt habe und welche Risiken & Nebenwirkungen das für mich mit sich brachte. Hier geht's also um die vielzitierte Work-Life-Balance und darüber, wie ich dabei meine eigenen *Seelenbalancieren*-Methoden brauchen konnte. Vielleicht sind ein paar Denkanstöße für Dein eigenes Leben dabei. Das würde mich freuen!

Zwölf Wochen Überstunden: erst aufbauen, dann abschmelzen

Um ein bestimmtes Projekt fertig zu kriegen, habe ich für eine begrenzte Zeit in Absprache mit meiner Chefin in meinem Hauptjob richtig viel Zeit und Kraft reingepowert. Letztendlich war's ein Dreivierteljahr – viel länger als geplant.

Das war für mich eine absolute Sonderphase! So will und kann ich nicht dauerhaft arbeiten. Es hat schon seinen Grund, warum ich auf Teilzeit bin und mein berufliches stabiles Standbein mit meinem beglückenden Tanzbein kombiniere.

Immerhin hat dieser Ausnahmezustand nun den schönen Effekt, nach Absprache über einen langen Zeitraum hinweg zwölf Wochen (!) Überstunden abschmelzen zu können und nur noch an drei statt fünf halben Tagen pro Woche ins Büro zu gehen, also eine halbe Stelle minus x zu arbeiten. Das Geld ausbezahlt zu bekommen, wäre für mich absolut keine Alternative. Ich will die ZEIT!

Mein mediterranes Arbeitszeitmodell

Ich bin stolz, dass ich's richtig gut gepackt habe: den intensiven Hauptjob plus die Arbeit an meinem zweiten Buch plus am Tischaufsteller plus natürlich mein Familienleben … Das war nicht ohne … Ein Nachtmensch wie ich schreibt halt auch am späten Abend noch, wenn er am Nachmittag oder frühen Abend nicht dazu gekommen ist …

Und sowohl beim Blog als auch bei den Buchprojekten, die sich inzwischen wunderbarerweise entwickelt hatten, wollte ich natürlich weiterschreiben. Das kostet mich nicht nur Energie, das bringt mir auch welche! Coachingtermine und andere Aufträge konnte ich nur im kleinen Maße annehmen.

Ich habe versucht, das alles mit meinem Biorhythmus in Einklang zu bringen: Da ich gut am Abend arbeiten kann, habe ich oft lange Bürotage bis 18 oder 20 Uhr gemacht. Manchmal habe ich sogar meinen klassischen Freitagnachmittag-Besuch im Fitnessstudio samt Sauna ausfallen lassen. Das will was heißen!

Ich bin bis auf eine Grippe nach den Pfingstferien, die ich von meinem Mann übernommen hatte, gesund geblieben: körperlich und psychisch gut bei Kräften, sicherlich auch wegen meiner guten Ernährung. Und weil ich meine bunten kleinen Pausen in Mini-Einheiten genommen, mir Entspannungsspaziergänge im Park, gutes Essen und manchmal ein Mittagsschläfchen im Saunaruheraum meines Fitnessstudios nebenan gegönnt habe. Morgens habe ich mir mit dem Bürostart Zeit gelassen und manchmal daheim noch etwas aufgeräumt oder Zeitung gelesen. Verlängerte Mittagspausen haben mir sehr gut getan.

Ab dem Spätnachmittag geht meine Aktivitätskurve glücklicherweise wieder rauf. Dieses mediterrane Arbeitszeitmodell war dank unserer Gleitzeitregelung, für die ich sehr dankbar bin, gut machbar.

Risiken und Nebenwirkungen

Im Rückblick muss ich jedoch feststellen, was ich in den harten Monaten an Nebenwirkungen abgekriegt und währenddessen ausgeblendet hatte:

- Ich war wegen Dauerübermüdung – spätabendliches Schreiben plus morgendliches Aufstehenmüssen wegen der Familienaufgaben! – und trotz der Mittagspausen im kleinen Maß koffeinabhängig. Ohne den täglichen Cappuccino-Kick konnte ich mir's nicht vorstellen.
- Ich habe relativ ungebremst Schokolade konsumiert. Da ging nichts mehr mit Selbstkontrolle …
- Mein rechter Fuß hat an der Unterseite zu schmerzen begonnen, sodass ich im Sommer bestimmte Einlagen und Schuhe nicht mehr tragen konnte.
- Ich habe zum ersten Mal seit elf Jahren viele Wochen am Stück auf Qigong verzichtet. Mit der Entscheidung, die Stunde gar nicht mehr

im Kalender einzuplanen, ging es mir immerhin besser, als jeden Montag frustriert zu sein, weil ich doch wieder länger im Büro bleiben wollte, um etwas Bestimmtes fertig zu kriegen.

- Meine Einschlaflektüre bestand nur noch in leichten bayerischen Regionalkrimis. Schwerere Kost ging gar nicht.
- Mein Ablageberg mit Unterlagen wuchs und wuchs …
- Und natürlich musste ich meine Privatkontakte auf ein Minimum runterfahren. Familienurlaube und -wochenenden lösten eher Bedrohungsgefühle („Ich bin gerade im vollen Lauf! Wie soll ich meine Arbeit dann schaffen? Eigentlich kann ich mir gar nicht leisten, jetzt freizunehmen.") als Vorfreude aus.

Wieder in meinem Gleichgewicht

Inzwischen – nach vier Wochen Abwesenheit vom Büro am Stück und nun drei Wochen neuem Arbeitsalltag mit schon einigen freien Tagen daheim und dadurch Zeit für Freundinnentreffen und zum Rumkruscheln – kann ich freudig sagen:

- Ich bin wieder „Koffein-clean". Einen Bio-Cappuccino mit Koffein gönne ich mir einmal pro Woche am Freitag zusammen mit meiner geliebten knusprigen Butterbreze. Aber ich brauche den Kick nicht mehr, um fit zu sein. Hin und wieder mache ich mir eine koffeinfreie Version zuhause.
- Seit dem Sommerurlaub konnte ich prima meinen Schokokonsum auf ein – für mich – Normalmaß runterfahren.
- Durch viel Zuwendung mit gezielten Übungen und Massagen ist mein Fuß wieder schmerzfrei. Ich habe mir also die Zeit für meine Basis genommen, und das hat viel gebracht!
- Auf die bald neu beginnenden Qigongstunden freue ich mich. Im Urlaub habe ich alleine für mich geübt, unter meinem Lieblingsbaum oder auf der nächtlichen Wiese bei Mondschein.

- Ich lese wieder Bücher im englischen Original. Falls es Dich interessiert: Ich habe mit meiner Lieblingsautorin J.K. Rowling angefangen, erst ihren neuen Cormoran-Strike-Krimi, dann das Harry-Potter-Theaterstück. Hoher Genuss!
- Ich spiele weiterhin mit meinem Sohn fast täglich Backgammon. Das haben wir im Urlaub begonnen.
- Nach Langem haben mein Mann und ich wieder angefangen, einmal pro Woche Tango zu tanzen. Wir hatten nicht nur wegen körperlicher Zipperlein, sondern auch wegen meiner Eingebundenheit in Job plus abendliche BALANCE-Arbeiten aufgehört. Freude!

Die Wippe hat sich also in die andere Richtung bewegt. Erst hatte ich vieeeeeeeeel Arbeit. Nun profitiere ich davon und habe durch die neue Arbeitszeitregelung seit langem mal wieder Frei-Zeit, zum Spielen, Tanzen, Lesen und Nichtstun! Und einen freien Kopf für neue kreative Dinge. Das belebt mich ungemein, ich blühe geradezu auf!

 Wie kriegst Du intensive Arbeitsphasen gut hin? Wie begrenzt Du sie, um wieder auf ein Normalmaß und zu Erholung zu kommen?

 Von Feier-Tagen und Feier-Abenden, S. 83
Bunte kleine Arbeitspausen: Tipps zum Auftanken in Mini-Einheiten, S. 199
MGLG: selbstfür(mich)sorgliche Erinnerungshilfe an kleine Auszeiten im Alltag, S. 209

 www.seelenbalancieren.de/2nn5

Elfchen „Radeln"

Als Fan des „Stadtradelns" radle ich bei nahezu jedem Wetter ins Büro und zum Einkaufen, auch mitten im Winter – nur nicht bei Glatteis und Spurrillen. Dieses perspektivenerweiternde Alltagsvergnügen verdient ein „Spezial-Selfie" und ein Elfchen!

Radeln
gute Laune
gesund, praktisch, unabhängig
anderer Blick aufs Stadtleben
Alltagsfreude

 Welche Deiner Alltagsfreuden ehrst Du mit einem Elfchen?

 Federleicht hingetupft: Anleitung zum entspannenden Elfchen-Schreiben (mit Elfchen-Elfchen), S. 23

 www.seelenbalancieren.de/elfchen-radeln/

ANNAs vierter wirksamer Wundersatz für innere Balance: Üben

Menschen mit einem sehr hohen Anspruch an sich selbst neigen dazu, etwas gar nicht erst anzufangen, wenn sie nicht die Chance sehen, es gleich sehr gut zu machen. Wenn Du Dir klar machst, dass wir alle irgendwann bei null gestartet sind und in „Baby Steps" langsam, aber sicher vorankommen, kannst Du Deinen eigenen Perfektionismus abschwächen. Vermeintliche „FEHLER" sind wertvolle „HELFER" und zum Lernen da!

Manchmal dauert es lange, bis wir neue Muster gelernt haben. Eine Faustgröße für neue Gewohnheiten lautet „30-mal getan haben"; es werden in Coaching-Kreisen jedoch auch höhere Zahlen genannt. Aber nur Mut, es klappt und lohnt sich! Als Unterstützung empfehle ich Dir, für Dich stimmige Erinnerungshilfen zu schaffen und zu nutzen.

Auch Selbstfürsorge müssen wir üben, bis wir neue, wohltuende Rituale automatisiert haben. Ein Beispiel: Ich habe begonnen, jeden Morgen beim Aufstehen die Füße auf den Boden zu stellen, um mich gut zu „erden", und mir im Sitzen eine kleine aktivierende Gesichts- und Ohrenmassage zu gönnen. Das lässt mich gut in den Tag starten. Schon lange gehen meine Hände absolut selbstständig nach oben, ich muss überhaupt nicht mehr darüber nachdenken.

 Bergtour, Beppo, Baby Steps: Drei Gelassenheitsstrategien, mit denen Du große Aufgaben schaffst, S. 86
What a difference a word makes …, S. 141
„Niente panico": Fünf Kraftsätze, die Dir helfen, Deinen Perfektionismus abzuschwächen und das Leben mehr zu genießen, S. 162
MGLG: selbstfür(mich)sorgliche Erinnerungshilfe an kleine Auszeiten im Alltag, S. 209

 www.seelenbalancieren.de/5p49

Lieber jung und gesund ...

Midlife ohne Crisis: Mutmach-Gedanken einer Mittelalten zu Ü50, Gleitsichtbrillen und Erfahrungsrucksäcken

Diesen Aufsatz widme ich meinen großartigen Freundinnen jeglichen Alters; er liegt mir ganz besonders am Herzen.

Schon ganz schön alt. Oder doch nicht? Wahrnehmungen

- Vor Kurzem wurde ich mit zwei Urkunden vom Land Bayern und von der Stadt München dafür geehrt, dass ich nun schon über 25 Jahre im öffentlichen Dienst arbeite. Aha, mir wäre es tatsächlich entgangen. Ein Vierteljahrhundert! Und davor lagen noch meine Ausbildung zur Buchhändlerin und mein elfsemestriges Studium …
- Erinnerungen an die technische Steinzeit: In meiner Lehrzeit haben wir bei einem Großhändler die Bücher mit Fernschreiber bestellt; mit gelben langen Papierstreifen, auf die man erst den Text lochstanzen und die man dann durchtickern lassen musste. Die Buchkataloge waren extrem dicke Schmöker. In Vor-Internetzeiten recherchierten wir in der Unibibliothek schon mit „Microfiche"-Lesegeräten, nicht nur mit Karteikarten in alten Kästen. Und für die Diplomarbeit hat sich eine Mitstudentin eine – immerhin elektrische und für ein paar Sätze programmierbare – Schreibmaschine gekauft. Ich durfte am elterlichen PC arbeiten und habe mir Word durch learning by doing beigebracht. In meiner ersten Zeit bei der Stadt München stand im Nebenraum ein Riesenmonster von Rechner und wir mussten mit Word Perfect noch Steuerbefehle, z. B. für Fettdruck, schreiben; nichts mit Maus und Anklicken.

- Jetzt habe ich im Büro einen rückengerechten höhenverstellbaren Schreibtisch und nicht nur eine Gleitsichtbrille, sondern sogar zwei. Eine wie bisher für alles, aber nur mit kleinem „Lesefenster", was ziemlich schnell zu heftigen Rückenverspannungen führt; eine zum Lesen und für die Bildschirmarbeit. Ein Lob auf diese wunderbar hilfreichen Erfindungen!
- Mein 50. Geburtstag liegt schon eine Zeitlang zurück. Wenn ich in der Zeitung von Anfang-50-Jährigen lese, fällt mir das Klischee „älterer Mann" bzw. „ältere Frau" ein. Dann kommt die Erkenntnis: Oh, ich auch – ich fühle mich doch viel jünger ... Den berühmten „Zenit" habe ich definitiv überschritten. Ich muss akzeptieren, dass ich in der kürzeren Hälfte meines Lebens unterwegs bin. Schluck.
- „Mei, Du bist ja noch so jung", sagen mir die Älteren.
- „Ich hätte Dich einige Jahre jünger geschätzt", höre ich oft. Danke! Eine Mischung aus „Glück gehabt" mit vorteilhaften Genen, „ich tu auch was dafür" und ernten dürfen, dass ich Schädigendes unterlassen habe.
- Ich fühle mich an Körper, Geist und Seele prächtig, freue mich des Lebens und mache mit BALANCE „mein Ding". In den 80er-Jahren hätte man „Selbstverwirklichung" dazu gesagt. Nun ja, da sind allerdings körperliche Zipperlein. Ich kann inzwischen gut verstehen, was der Satz meint, „Wenn Du über 50 bist und es tut nichts weh, wenn Du morgens aufwachst, bist Du tot" ... Und mein Hirn schwächelt zumindest beim Gedächtnis unangenehm oft ...

So, ich nenne mich ab jetzt „mittelalt". Ich hatte doch schon immer ein Faible für das Mittelalter.

Meine verliebten Freundinnen

Ich habe Freundinnen unterschiedlichen Alters, von fast 20 Jahre jünger bis 20 Jahre älter als ich. Wir sind uns Begleiterinnen, Beraterinnen und Unterstützerinnen in diversen Lebensphasen und -lagen, teilweise schon seit mehreren Jahrzehnten, teilweise auch erst ziemlich kurz. Normalerweise spielt unser Alter dabei keine Rolle. Aber vor einiger Zeit wurde mir bewusst, dass es sehr wohl Unterschiede gibt, und zwar bei unserer Lebensperspektive:

Zwei meiner Freundinnen – die eine Anfang 30, die andere Anfang 50 – waren gleichzeitig frisch verliebt und am Ausloten, wohin es mit der neuen Beziehung gehen wird. Beim jungen Paar ging es um die Themen Ausbildung abschließen (Weiterbildung, Promotion), Karriereeinstieg, Hauskauf, Kinderpläne, eventuell ein Wechsel ins Ausland. Beim älteren Paar um Überlegungen, wie eine Fernbeziehung wegen der bestehenden Jobs funktionieren kann und wie lange beide noch voll arbeiten wollen oder müssen. Die Kinderfrage stellt sich nicht mehr, eher schon, wie man sich um die eigenen Eltern kümmern kann, falls die geistig oder körperlich abbauen sollten.

Viel drin im Erfahrungsrucksack

Die beiden ähnlichen (verliebt!) und doch so unterschiedlichen Geschichten meiner Freundinnen, haben mich dazu gebracht, mal zu überlegen, was ich in den letzten rund 20 Jahren so alles erleben und miterleben durfte und musste, im Guten wie im Bösen. Hier ein Einblick in die Geschichten meiner etwa gleichaltrigen mir nahestehenden Frauen inkl. mir selbst – eine Auswahl, ohne jetzt zu persönlich zu werden. Da war in verschiedenen Lebensbereichen sooo viel dabei …:

- *Beziehung und Familie:* Belogen-, Betrogen- und Verlassenwerden, Trauer über nicht empfangene oder verlorene Babys („Sternenkinder"), neues Glück, Traumhochzeiten, Wunschkinder, ungeplante Dennoch-Freudenkinder, sich leerendes Nest: Kinder gehen aus dem Haus, demente Eltern, älter werdende Beziehungen, …

- *Arbeit und Wohnen:* Mobbingerfahrungen, Erschöpfungs- und Burnout-Syndrome, Frühverrentung aus gesundheitlichen Gründen, Doktor-Titel, Karrieren, Weiterbildungen, Arbeitsplatzverlust, Aufbau von haupt- und nebenberuflichen Selbstständigkeiten, Aus-, Um-, Ab- und auch Aufstiege, längere Zeit im „Erziehungsurlaub" (wie Elternzeit damals hieß) daheim sein, Wohnungssuchen und Umzüge, Eigenbedarfskündigung, Rausziehen aus der Stadt aufs Land, ...
- *Gesundheit und Aussehen:* Wir kennen vorübergehende und auch chronische Beschwerden an unseren Schwachstellen von oben bis unten. „Iliosakralgelenk" und „Osteopathie" gehen uns inzwischen leicht über die Lippen, wir haben Adressen guter PhysiotherapeutInnen. Wir erleiden Begleiterscheinungen des Kinderkriegens und Älterwerdens (sorry für die Deutlichkeit: Beckenbodenschwäche, Hängebrüste, Krampfadern, Falten, Bauchspeck, Hitzewallungen, graue Haare etc.). Wir wissen, wie wertvoll Hebammen und MasseurInnen sind. Wir erleben auch richtig schlimme Erkrankungen an Körper (Krebs) und Psyche (Depressionen, Essstörungen) bei uns oder im nahen Umfeld. Vereinzelt wurden wir bereits mit dem Tod von Gleichaltrigen, von Elternteilen oder sogar des eigenen Kindes konfrontiert. Wir haben Yoga/Pilates/Qigong/Meditation als Kraftquellen entdeckt. Einige von uns sind auf risikoärmere Sportarten umgestiegen (z. B. Langlaufen statt Abfahrtsskifahren) und schätzen zunehmend den Wert von Entspannung statt Dauerpowern.

Ermutigung zu Midlife ohne Crisis

Ja, das alles und viel mehr durften wir erleben – wenn auch teilweise ungeplant! Älter werden wir von selbst, damit müssen wir klarkommen. Mit der Endlichkeit unserer Kräfte wurden wir auf die eine oder andere Art schon konfrontiert. Aber man kann es so oder so angehen ...

Du weißt, dass ich eine Anhängerin davon bin, allen Erlebnissen, und
seien sie noch so unangenehm und schlimm, einen Sinn abzugewinnen. Vieles ist eine Sache der Sichtweise! Und die können wir bewusst
verändern. Eine meiner liebsten Selbststärkungsmethoden ist daher
das „Reframing", also wörtlich, Dingen einen neuen Rahmen zu geben.
In meinen Seminaren nenne ich das auch „Die Brille wechseln" – da ist
sie also wieder, die Brille.
Meine persönliche Abwandlung eines bekannten Reframing-Satzes:

„Wenn das Leben Dir Zitronen gibt,
mach eine leckere Tarte au citron draus".

Nach der Kuchenempfehlung nun mein „Beauty-Tipp des Tages":
Schönere Worte helfen, mit den unvermeidlichen Tatsachen besser
klarzukommen. „Silberfäden", „Hüftgold" und „Lachfältchen" machen
doch gleich bessere Laune, oder? Sie bestärken eine positive Haltung
und einen liebevolle(re)n Umgang mit sich selbst.

Was ist also der Gewinn all dieser Erfahrungen, die wir in unseren jeweiligen unsichtbaren Rucksäcken mit uns herumtragen? Sie haben uns
reicher gemacht, weiser und verständnisvoller! Wir können mit uns
selbst, anderen Menschen und dem Leben zunehmend besser umgehen.
Wir nehmen vieles – auch unsere eigenen Stimmungsschwankungen –
nicht mehr zuuuu ernst und sind unterwegs zu mehr Gelassenheit.

Ich finde, auch hier passt meine neue Gleitsichtbrille als Symbol: Wir
sorgen für uns und haben gelernt, genauer hinzuschauen, was uns gut
tut. So wie ich in die passende Zweitbrille investiere statt Verspannungen
zu bekommen. Alles andere darf auch mal ruhig in den Hintergrund treten, wenn wir uns auf etwas fokussieren – wir pflegen zunehmend Acht-

samkeit im Hier & Jetzt. Wenn ich die Bildschirmbrille aufhabe, verschwimmt nämlich alles, was weiter weg und jetzt nicht wichtig ist.

Ganz klar: Meine Freundinnen und ich versuchen, uns gegenseitig gut zu tun und gemeinsam die Lebensmitte ohne Krise zu bewältigen. Dazu gehört übrigens, jeden unserer 50. Geburtstage groß zu feiern, meist mit Musik, Tanz, Gesang – und immer mit gutem Essen! Sie sind großartige humorvolle, engagierte, aktive Frauen, die dankbar sind für ihre Erfahrungen, die offen, lernbereit und neugierig sind, die Lust haben, sich weiterzuentwickeln, die sich selbst mögen – und schlichtweg mit viel Lebensfreude in diese Welt wirken. Eigentlich stoße ich dauernd auf solche tollen Frauen: enge und entferntere Freundinnen, liebe Bekannte, Leserinnen, Klientinnen, Netzwerkpartnerinnen … Was habe ich für ein Glück!

 Wie erlebst Du das Älterwerden, speziell „Ü50" zu sein oder bald zu werden?

 ANNAs Fächertanz: Entspannter Umgang mit Wechseljahrsbeschwerden, S. 121
What a difference a word makes …, S. 141
„Wintergarten" und „Frühlingsröllchen": Selbststärkung mit schönen Worten
Freundschaft, S. 148

 www.seelenbalancieren.de/nn7i

Ungeplante Auszeit: Sechs Strategien zur Selbststärkung bei Krankheit

Das Zitat von Voltaire finde ich köstlich. Ich habe es als Wandposter in einem Büro entdeckt und gleich notiert.

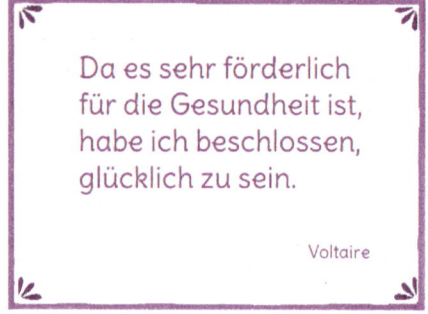

Da es sehr förderlich für die Gesundheit ist, habe ich beschlossen, glücklich zu sein.

Voltaire

Durch die letzten Winter kam ich, im Gegensazt zu vielen anderen Menschen, ohne Grippe oder heftige Erkältungen. Aber vor ein paar Jahren war ich mal mit Lungenentzündung und schmerzhaften Nebenwirkungen des Antibiotikums einen ganzen Monat krank, und das direkt über die Weihnachtstage. In diesem Krankheitsmonat musste ich ganz schön tief in meinem Selbststärkungsrucksack fischen, um mich immer wieder in innere Balance und in gute Laune zu bringen – aber ich wurde fündig.

 Sechs Strategien, die ich empfehlen kann, möchte ich Dir hier vorstellen – mit allen meinen guten Wünschen für baldige Besserung, falls/wenn Du flach liegst und sie brauchen solltest:

1. Akzeptieren, was nicht zu ändern ist
Es hilft ja nichts. Wenn ich etwas nicht ändern kann, versuche ich immer, die Dinge annehmen zu können, wie in dem berühmten Weisheitsspruch für Gelassenheit, den Du auf S. 147 oben findest. Daher ist es nach ein paar Tagen Krankheit sinnvoller, berufliche und private Termine abzusagen und aufzuhören zu planen, so weh das tut. Ich fahre immer am besten damit,

nicht damit zu hadern, was ich alles NICHT tun und erleben darf. Wie gesagt: Es hilft ja nichts …

2. Das Beste draus machen

Wenn man schon an sein Zuhause gefesselt ist, soll man wenigstens nicht darben, finde ich. Also definiere ich eine erzwungene Krankheitszeit um als – wenn auch ungeplante – Auszeit und Gelegenheit zur Entschleunigung. Viel Zeit zum Wolkengucken! Mein persönlicher „Krankheitsgewinn" war damals, dass ich endlich mal Zeit hatte, stundenlang Krimis und Fantasybücher zu verschlingen. Ich erinnere mich an meine große Freude, als das vom Krankheitszustand her endlich ging!

3. Sich auf der Sinnesebene Gutes tun

In Krankheitszeiten ist das noch wohltuender und kraftspendender für mich als schon im gesunden Zustand: Badewanne mit Duftöl, Kerzenlicht zur Tea Time, Weihnachtsgebäck mit duftendem Tee, Heizkissen, Lesestunden auf dem Sofa, Zeit zum Musikhören, den Sonnenschein wenigstens durch die geschlossene Balkontür spüren …

4. Menschliche Unterstützung annehmen

Es lebe das Telefon! Es ermöglicht mir, die Zuwendung meiner Familie und von FreundInnen als Kraftquelle zu genießen. (Ich hatte damals über die Weihnachtstage meine Liebsten ohne mich auf Familientournee geschickt. Sie hatten mich gut mit Vorgekochtem versorgt, keine Sorge.) Ich mag mich nicht komplett von der Welt zurückziehen und vereinsamen, allein sein dagegen in gewissem Rahmen schon.

5. Blick auf das Positive (hier: was NICHT weh tut)

Wer mich kennt, weiß, dass ich gern ressourcenorientiert auf Stärken bzw. das Positive schaue. Im Krankheitsfall heißt das für mich beispielsweise, den Körper darauf abzuscannen, was NICHT weh tut. Für harte Zeiten habe ich eine spezielle Methode des Begrüßens entwickelt: Bei Kopfweh fange ich z. B. mit den Zehen an, „Hallo Zehen, wie geht's Euch heute?" und arbeite mich dann durch den Körper. Zwischendrin (!) kommt auch mal der Kopf dran („Na, wie geht's Dir? Oh, das tut mir leid."), aber dann geht es positiv weiter: „Hallo Bauch, aber Du fühlst Dich wohl, oder?"
Probier's mal aus!

6. Anlass zum Lachen suchen

Sehr hilfreich für mich war die aufmunternden Telefonpausenmusik „Don't worry, be happy" meiner Ärztin. Was bei mir immer hilft, sind DVDs mit romantischen Komödien (wunderbar, zugleich was für die Lachmuskeln und das Herzerl!) und mit rabenschwarzem, meist britischen Humor.

Ich kann Dir versichern, dass diese sechs Punkte unter den verschärften Bedingungen des Krankseins und Daheim-rumliegen-Müssens funktionieren. Wer mein Konzept des „Seelenbalancierens" schon kennt, merkt, dass sie auch im nicht-angeschlagenen Zustand sehr hilfreich sind.

 Welche Selbststärkungsstrategien im Krankheitsfall kannst Du empfehlen?

Wie mir ein türkisblauer Liegestuhl bei Zahnbohrschmerzen geholfen hat, S. 118

Pieks: Spritzenschmerzen wegatmen, S. 129

Das Emmentaler-Prinzip oder Schau auch auf das, was DA ist, S. 136

Achtsames Wolkengucken, S. 221

 www.seelenbalancieren.de/128u

Wie mir ein türkisblauer Liegestuhl bei Zahnbohrschmerzen geholfen hat

Versprochen, diese Methode klappt wirklich! Ich habe sie inzwischen auch schon bei Computertomographie-Untersuchungen für mein Knie und sogar für meine Halswirbelsäule eingesetzt – ja, dann wenn der Kopf in der Röhre liegt und es laut klopft. Fühl Dich frei, den Liegestuhl durch eine DEINER ganz persönlichen schönen Erinnerungen zu ersetzen.

Vermutlich mag es niemand, wenn in der Zahnarztpraxis der Bohrer zum Einsatz kommen wird … Bei mir war es heute nach vielen Jahren mal wieder so weit. Von einer geplanten Löchleinbohraktion wusste ich vorab, die zweite stellte sich unerwartet als nötig heraus.

Aus mehreren Gründen habe ich mich gegen eine Betäubungsspritze entschieden:

- Ich vertraue meiner netten Zahnärztin. Sie hat mich ermutigt, dass wir das auch ohne Spritze hinkriegen.
- Ich habe das Bohren meiner kleinen Löcher immer „so" geschafft. (Allerdings ist das lange her …)
- Die Schmerzspritzen beim Weisheitszahnziehen haben damals meinem Kreislauf überhaupt nicht gut getan. Außerdem finde ich das lange andauernde pelzige Gefühl danach sehr lästig.
- Aber am wichtigsten: Ich wollte die Gelegenheit nutzen, eine meiner Selbststärkungsbotschaften am eigenen Leib zu erproben, nämlich dass man im Entspannungszustand wesentlich weniger schmerzemp-

findlich ist als in Anspannung (= im Stress). Glaubwürdigkeit, eigene praktische Erfahrungen, Chance des Schicksals und so …

Dann ging's los. Die beiden Knautschbälle meiner Zahnärztin ließ ich ganz locker auf der Handfläche liegen und drückte sie absichtlich nicht. Ich nahm mir vor, meinen Atem zu beobachten und mich auf ein entspannendes inneres Bild zu konzentrieren. Das klingt jetzt vielleicht wahnsinnig theorie- und kopfgesteuert (dahinter steckt „Bodyfeedback"), aber genau so war es.

Mir ist sofort der schlichte Liegestuhl vom Foto eingefallen. Er ist für mich seit einem Ausflug mit meiner Freundin Nunú an einen wunderschönen oberbayerischen See ein Symbol für Erholung und Entspannung. Während der Behandlung hörte es sich in meinem Kopf ungefähr so an: *„Einatmen … türkiser Liegestuhl … Blick auf den See … ausatmen … aua … einatmen … türkiser Liegestuhl … so eine schöne Farbe … wie eine Lagune … ausatmen …"*

Jedenfalls hat es tatsächlich geklappt, mich auf diese Weise gedanklich vom Schmerz fernzuhalten, der immer mal wieder durch meine Nerven gezuckt ist! Der war samt Ärztin und Assistentin gaaaanz weit weg … Und bald war's geschafft, uff. Jetzt bin ich um zwei Zahnfüllungen und eine gute Erfahrung reicher.

 Welche guten Erfahrungen mit Entspannung bei (Zahnbehandlungs)schmerzen hast Du? Welche Bilder oder Methoden helfen Dir?

Ungeplante Auszeit: Sechs Strategien zur Selbststärkung bei Krankheit, S. 114
Erzwungene Entschleunigung oder Dann tanze ich halt im Sitzen …, S. 126
Pieks: Spritzenschmerzen wegatmen, S. 129
ANNAs dritter wirksamer Wundersatz für innere Balance: Atmen, S. 77

 www.seelenbalancieren.de/p3mn

ANNAs Fächertanz: Entspannter Umgang mit Wechseljahrsbeschwerden

Es gibt Themen, die das Älterwerden so mit sich bringt und denen man (respektive frau) sich auch mit viel gutem Willen nicht entziehen kann … Bleibt also nur, durch eine positive Haltung und hilfreiche Tricks einen möglichst entspannten Umgang damit zu finden.

ANNA ist nicht nur erfahrene Schülerin im *Seelenbalancieren*, sondern auch Lebenskünstlerin. Sie macht das Beste aus dem, was das Leben ihr auf die Wippe wirft. Daher hat sie aus ihrer persönlichen Erfahrung einiges zum für viele Frauen sehr belastenden Thema „Wechseljahrsbeschwerden" zu erzählen:

 Also an meiner inneren Haltung kann's nicht liegen … Als ich jung war, verband ich mit „im Wechsel sein" ältere Frauen mit Stimmungsschwankungen, „Hitzen" und Hysterien. Was für ein Klischee! Im Studium bekam ich das „Empty Nest Syndrom" erklärt: Oft fällt der Zeitpunkt, an dem Kinder das Haus verlassen, mit den Wechseljahren zusammen. „Midlife Crisis", Depressionen und Scheidungen lassen sich nach dieser Theorie also mit der veränderten Familiensituation und neuer Sinnsuche statt mit Hormonen erklären. Noch später stieß ich auf die Auswertung einer Meta-Studie (also Studie über Studien) zu Wechseljahrsbeschwerden, die als einzig gesicherte Auswirkung der Hormonumstellung Hitzewallungen ergab. Da ich überzeugt bin, dass eine positive Einstellung so manche körperlichen Beschwerden gar nicht auftreten lässt, beschloss ich, dass ICH bestimmt problemlos durch diese

Zeit kommen werde. Von einigen positiven Aspekten bin ich immer noch überzeugt – und sie haben sich tatsächlich bestätigt: Hurra, keine Verhütungsnotwendigkeit und keine hormonabhängige Migräne mehr! Und wenn ich schon ein Öflein in mir beherberge, dann ist der Vorteil davon wenigstens, dass ich keine kalten Hände und Füße mehr habe. Meinen Optimismus, nur mit Gedankenkraft unbeschadet „durchzukommen", kann ich inzwischen allerdings nur milde belächeln …

Ich wusste wenig über die Meno„pause" und ihre Auswirkungen, vielleicht war das auch gut so. Naiv war ich davon ausgegangen, dass mit dem Ende der Fruchtbarkeit – ein Jahr Sicherheitsabstand nach der letzten Periode – „alles" durchgestanden sein würde. Nun, dem war nicht so. Seit mittlerweile über vier Jahren, seit ich Ende 40 bin, beschäftigen mich vollkommen unplanbare Hitzeattacken und unruhige Nächte. Worte wie „leiden" und „quälen" vermeide ich bewusst. Ich suche lieber nach Tricks, gut mit den Beschwernissen umzugehen. Und da habe ich eine ganze Reihe gefunden:

- *Ich bin in jeder Jahreszeit auf Zwiebellook mit T-Shirt plus unterschiedlich dicke Jacken und Tücher/Schals umgestiegen. Ich habe mir komplett abgewöhnt, im Winter Rollkragenpullover zu tragen; auch Strickjacken gibt es in meinem geliebten Kaschmir. Ich kann die Jacken dezent am Rücken runtergleiten lassen und wieder anziehen, ohne meine Umgebung unnötig mit meinen Wallungen zu konfrontieren. Auch die Schals helfen mir beim unauffälligen „Lüften".*
- *Inzwischen habe ich zwei Fächer, einen im Büro, einen in der Handtasche (was übrigens auch im Theater und der Oper sehr praktisch ist!). Meine gleichaltrige Zimmerkollegin ist in genau derselben Situation wie ich. Wir lachen viel über unsere „Fens-*

ter-auf-und-Luftfächel"-Aktivitäten und jammern manchmal gezielt ein paar Minuten. Dann ist's auch wieder gut. Ich nenne das unseren „Fächertanz". Der tabufreie Austausch mit betroffenen Frauen tut mir gut.

- *Nachts lege ich wegen meiner heißen Zappelfüße oder wegen meiner Hitzewallungen plus manchmal nötiger Schlafanzug-Wechselaktionen öfter Lesesessions ein; typischerweise werde ich gegen zwei Uhr und um ca. halb vier Uhr wach. Zum Glück ist nicht jede Nacht wildbewegt. Mein Bett ist unser wunderbares Schlafsofa im Wohnzimmer. Dadurch störe ich meinen Partner nicht, kann hemmungslos strampeln, mich abwechselnd auf- und dann wieder zudecken, muss beim Lichtanmachen keine Rücksicht nehmen etc. Wenn irgend möglich, hole ich untertags etwas Schlaf nach.*

- *Meine Beckenbodenschwäche, die ich seit der Geburt unseres Kindes habe, ist durch die Hormonumstellung unangenehm spürbarer geworden. Leider tröpfele ich beim Niesen, Husten, Stolpern und inzwischen sogar beim Laufen ... Dieses Thema gehe ich nun aktiv an und lerne in verschiedenen Kursen gerade viel dazu, auch über den Zusammenhang von Füßen, Beckenboden und Kiefer: z. B. wusste ich nicht, dass ich mein Niesproblem umgehen kann, wenn ich nach seitlich-hinten-oben niese. Mir gefallen fantasievolle Formulierungen in einem der Kurse (Methode Cantienica) wie „mit den Fersen dem Boden Bussis geben und dabei gedanklich ein Rosenblütenblatt zwischen den Lippen halten". So etwas kann ich gut in zarte Körperbewegungen umsetzen.*

Da ich schon einmal drei Wochen am Stück ohne Hitzewallung erleben durfte, bin ich hoffnungsfroh, dass die härteste Zeit schon hinter mir liegt. Vorfreude!

Dass und wie es ANNA gelingt, sich in ihrer objektiv schwierigen Phase mit positivem Denken, Umdeuten, Humor, Optimismus, menschlichem Austausch und Selbstfürsorge in innerer Balance zu halten, siehst Du selbst.

 Abgrundtiefer Seufzer

Das gezielte Jammern mit ebenfalls Betroffenen ist übrigens eine wunderbare Methode für die Psychohygiene, die menschlich verbindend wirkt. Wenn Ihr es mit einem abgrundtiefen Seufzer ergänzt, tut Ihr durch die tiefe Atmung etwas für Eure Entspannung (auch des Beckenbodens!) und kommt garantiert ins Lachen, was Euch ebenfalls gut tut. Atmen und Lachen wirken über das „Bodyfeedback" positiv auf Eure Gemütslage. Kurz mal vor Dich hin jammern und absichtlich seufzen kannst Du natürlich auch für Dich alleine. Viel Spaß dabei!

 Ich möchte ANNAs Tipps noch um zwei Empfehlungen ergänzen, die ich gern an Dich weitergebe:

- Das Online-Magazin LEMONDAYS von Gela Löhr hat das Motto „Glücklich durch die Wechseljahre". Es bietet Frauen auf schwungvolle und anregende Art viele hilfreiche Informationen und Austauschmöglichkeiten (*www.lemondays.de*).

- Die Körpergefühlspezialistin Birgit Faschinger-Reitsam ist nach ihrem Ausgangsthema „Füße" nun „eine Etage höher" gegangen und bietet einen Online-Kurs namens „In deiner Mitte sein" zur liebevollen Annäherung an den Beckenboden an, mit sympathischen Erklärvideos und einem sehr brauchbaren Handbuch, der „Schatzkarte" (*www.seelenbalancieren.de/10sg*). Statt auf hartes Training setzt sie in ihrer bewährt originellen

Sprache auf genussvoll-spielerische kleine Übungen, „die den Beckenboden zum Mitspielen einladen. Sinnlich und effektiv – Aha-Erlebnisse inklusive" (O-Ton Birgit; ich kann das inhaltlich bestätigen).

 Falls Du ebenfalls betroffen bist: Wie gehst Du mit Wechseljahrsbeschwerden um? Welche Tricks und Tipps hast Du?

 Midlife ohne Crisis: Mutmach-Gedanken einer Mittelalten zu Ü50, Gleitsichtbrillen und Erfahrungsrucksäcken, S. 108
ANNAs zweiter wirksamer Wundersatz für innere Balance: Beste Freundin, S. 52
ANNAs dritter wirksamer Wundersatz für innere Balance: Atmen, S. 77

 www.seelenbalancieren.de/hxr9

Erzwungene Entschleunigung oder Dann tanze ich halt im Sitzen …

Das Foto stammt von der trotz ihrer schmerzhaften Folgen wunderschönen Lauftour, genau da, wo an der bayerisch-tirolerischen Grenze der Auerbach in den Inn fließt. Im Wasser spiegelt sich Herbstlaub. Solche Bilder wirken auf mich auf angenehme Art entschleunigend.

Wie ein Seemann auf rohen Eiern – so habe ich mich notgedrungen in den letzten Tagen bewegt: breitbeinig, jeden Schritt ertastend. Positiv ausgedrückt, bin ich äußerst achtsam gegangen. Und das war schon ein Fortschritt im Vergleich zu den Tagen davor: Da bin ich wegen Schmerzen in beiden Beinen kaum die Treppen runtergekommen. Wenn Du's genauer wissen willst (sonst überspringe diesen Absatz): Vermutlich wegen eines laubbedeckten Loches habe ich mir beim Laufen irgendeinen Schaden am linken Knie zugelegt. Was genau das ist, wird derzeit noch abgeklärt (Meniskus?). Mein einseitiges Humpeln hat ein paar Tage später wiederum am rechten Mittelfuß Schmerzen ausgelöst. Die kenne ich schon vom Frühsommer; zwischenzeitlich waren sie jedoch komplett weg. Besuche bei zwei Orthopäden und einem Strahlenarzt haben merkwürdige Schnell- und Falschdiagnosen erbracht: Das sei ein Ermüdungsbruch; ich solle alles vermeiden, was schmerzt; falsche Entlastungsbewegungen können zu neuen Brüchen führen … Das hat natürlich meine Bewegungen noch mehr verunsichert und verspannt. Inzwischen gab's die gute Nachricht: Nein, ich habe keinen Bruch! „Ihr Fuß will einfach nur ganz viel Ruhe." Ok, die soll er bekommen. [Nachtrag: Auch das Knie ist wohl nicht dauerhaft geschädigt, sondern nur „beleidigt". Uff ...]

Nun wäre es zu leicht, zu sagen „Genieße doch Deine Entschleunigung". Ehrlich: JA, ich bin total genervt davon, dass ich soo viel langsamer im Leben unterwegs bin als sonst. Mir wird schmerzhaft (!) bewusst, wie schnell und viel ich sonst rumsause und wie knapp mein Zeitplan getaktet ist. Ich muss nun für alles deutlich längere Vorläufe einplanen. Außerdem fehlt mir die Bewegung und die Freude, die ich daran habe: zu tanzen und zu laufen, in die Qigongstunden und ins Fitnessstudio zu gehen. Alle Wege, die nicht unbedingt sein müssen, lasse ich weg. UND ZUGLEICH stimmt auch: Immerhin kann ich problemlos stehen, sitzen, liegen und sogar relativ unbeeinträchtigt radeln. Das ist großartig und nicht selbstverständlich! (Ich denke da an so manche Rückenbeschwerden, die ich schon hatte ...) Und zu Musik mitswingen kann ich auch im Sitzen! Ich bewege mich bedächtig, das klappt ganz gut. Meine Arbeitstermine gehe ich langsamer an – derzeit erkennt man mich nicht schon akustisch am flotten Gang ... Und daheim auf dem Sofa ist's auch nett, stelle ich fest. Ich gönne mir längere Lese- und Filmzeiten als sonst und delegiere manche Tätigkeiten. Manches bleibt im Haushalt schlichtweg liegen, macht nichts. Ich habe mich also mittlerweile mit der – glücklicherweise absehbaren – Ausnahmesituation arrangiert.

Warum erzähle ich Dir das alles? Weil ich am eigenen Leib mal wieder eine deutliche Wackelpartie auf der Wippe des Lebens erfahre und merke, wie gut ich dabei meine *Seelenbalancieren*-Methoden einsetzen kann. Gut, dass ich sie habe! Sie helfen mir, mich trotz der blöden Randbedingungen, die ich nicht ändern kann, bei relativ guter Laune zu halten und meinen Optimismus zu bewahren.

„Ja, so ist es" plus „und zugleich stimmt auch" ist übrigens eine prima Selbstcoaching-Methode, um mit ungeliebten Tatsachen klarzukommen! Sie stärkt den Blick auf das Positive. Ich nenne sie „das Emmentaler-Prinzip"; an anderer Stelle erläutere ich es Dir ausführlicher.

 Bergtour, Beppo, Baby Steps: Drei Gelassenheitsstrategien, mit denen Du große Aufgaben schaffst, S. 86
Ungeplante Auszeit: Sechs Strategien zur Selbststärkung bei Krankheit, S. 114
Wie mir ein türkiser Liegestuhl bei Zahnbohrschmerzen geholfen hat, S. 118
Das Emmentaler-Prinzip oder Schau auch auf das, was DA ist, S. 136
Mein Tempo, meine Zeit, mein Rhythmus, S. 246

 www.seelenbalancieren.de/5vjx

Pieks: Spritzenschmerzen wegatmen

Ich finde es sehr beruhigend zu wissen, dass ich immer eine wirksame „Erste Hilfe" gegen Stress, in diesem Fall auch Schmerzen, bei mir habe! Um sowohl Dir als auch mir das sicherlich nicht erbauliche Foto einer Spritze zu ersparen, verwende ich hier die selbstgeletterte Grafik des Wochenimpulses „Atmen" von meinem Blog.

Ja: „Ein tiefer Atemzug ist Erste Hilfe im akuten Stress." Und den Atem beobachten löst über das Bodyfeedback Entspannungsreaktionen aus. Ehrlich! Hab's gerade wieder erlebt:
Vor Kurzem hatte ich Gelegenheit, mir bei einem unangenehmen Arzttermin selbst zu helfen: Da ich leider immer noch mit Folgen meines kleinen Joggingunfalls zu tun habe, hat mir mein Orthopäde mehrere Spritzen sowohl ins Knie als auch in die Nackenmuskulatur gegeben. Indem ich mich komplett auf das Ein- und Ausatmen konzentriert habe, konnte ich den Spritzenschmerz sehr im Hintergrund halten. Dass ich dabei laut durch die Nase ausgeatmet habe, hat bestimmt witzig geklungen. Jedenfalls hat es gewirkt! Anders als damals beim Bohren der Zahnärztin, musste ich mich nicht einmal gedanklich auf den türkisfarbenen Liegestuhl beamen.

 Welche Erfahrungen hast Du mit Atmen als Erste Hilfe gegen Stress und Schmerzen?

Wie mir ein türkisblauer Liegestuhl bei Zahnbohrschmerzen geholfen hat,
S. 118
Erzwungene Entschleunigung oder Dann tanze ich halt im Sitzen …, S. 126
ANNAs dritter wirksamer Wundersatz für innere Balance: Atmen, S. 77

 www.seelenbalancieren.de/h4os

Elfchen zum Sommerabschied: „Altweibersommer"

*Wenn der Sommer schon unbe-
dingt zu Ende gehen muss, dann
tröste ich mich wenigstens mit
milden Altweibersommer-Im-
pressionen …*

*Altweibersommer
mildes Licht
zart blauer Himmel
weiche Luft, sanfte Wärme
Sonnenenergie*

 Wie verabschiedest Du Dich mit einem Elfchen vom Sommer?

 Federleicht hingetupft: Anleitung zum entspannenden Elfchen-Schreiben (mit Elfchen-Elfchen), S. 23
Sommer-Elfchen „Strandbad", S. 158

 www.seelenbalancieren.de/1v9v

ANNAs fünfter wirksamer Wundersatz für innere Balance: Aufrecht

Menschen, die in angespannten oder für sie beängstigenden Situationen dazu neigen, sich klein und schmal zu machen, hilft oft das Gedankenbild einer „Krone", um sich aufzurichten. So wie Deine Umgebung liest auch Dein eigenes Gehirn an Deiner würdevollen Körperhaltung, dass Du selbstbewusst auftrittst. Dafür wirst Du mit einer Entspannungsreaktion und Wohlfühlhormonen belohnt. Dieses „Bodyfeedback" kannst Du auch beim Atmen und Lächeln nutzen.

 Statt der „Krone" und des „königlichen" Gangs kannst Du Dir auch vorstellen, am Scheitelpunkt von einem goldenen (oder nach Deiner Wahl andersfarbigen) Faden hochgezogen zu werden. Eine weitere hilfreiche Körperübung ist es, Dich wie eine abgelegte Marionette zusammensacken zu lassen und dann wieder wie von einem Marionettenspieler aufgerichtet zu werden. Und ich habe noch eine dritte Alternative zur Krone: Du kennst doch bestimmt Drück-/Wackelfiguren, ein handgroßes Kinderspielzeug, bei dem ein Tier oder ein „Manschgerl" (bairisch für „menschliche Figur, Männchen") innerlich durch federgespannte Gummifäden mit einem kleinen Sockel verbunden ist. Wenn Du auf eine Platte auf der Unterseite des Sockels drückst, fällt die meist aus Holzperlen zusammengesetzte Figur in sich zusammen, wenn Du locker lässt, steht sie wieder 1A aufrecht. Auch das kannst Du prima am eigenen Leib ausprobieren!

 Meine neue Smiley-Fahrradklingel oder Was Lächeln mit Selbststärkung zu tun hat, S. 222
ANNAs dritter wirksamer Wundersatz für innere Balance: Atmen, S. 77

 www.seelenbalancieren.de/hdb2

Think
pink

Das Emmentaler-Prinzip oder
Schau auch auf das, was DA ist

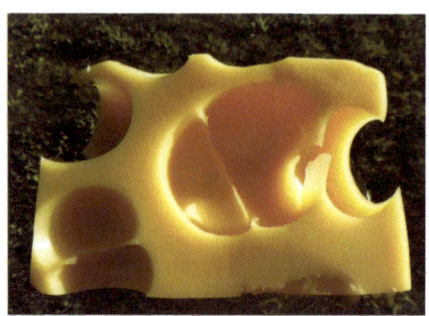

*Bevor ich diesen Beitrag in die
Tasten gebracht habe, habe ich
mindestens zwei Jahre lang meinen Coachees und Seminarteil-
nehmerInnen bereits von meinem „Emmentaler-Prinzip"
erzählt. Auch in mehreren Blogbeiträgen gab's bereits Anspie-
lungen darauf. Vielleicht hast
Du sie schon hier im Buch entdeckt? Hier nun endlich die Aus-
arbeitung:*

Kennst Du Momos? In der griechischen Mythologie war er der Gott
des Tadels und des Nörgelns. Sein römisches Pendant hieß übrigens
Querella – von da ist es nicht weit zu „Querelen" und zu „QuerulantIn-
nen". Momos fand an allem, nicht zuletzt den anderen Göttinnen und
Göttern, so viel auszusetzen, dass Zeus ihn aus dem Olymp warf …
Auch wenn Dir Momos bislang unbekannt war – eine negativ orien-
tierte innere Stimme, die alles schlechtredet, kennst Du ganz bestimmt. Da wir das Querulantenproblem nicht so radikal lösen können
wie Zeus, habe ich einen anderen Weg gefunden, um konstruktiv mit
unserem „Inneren Nörgler" umzugehen: das „Emmentaler-Prinzip".

Momos im Biergarten und die Löcher im Käse
Gehen wir gedanklich mit Momos in einen schönen bayerischen Biergarten. Vermutlich würde er loslegen: Die Kastanienbäume machen
ihm zu viel Schatten, das Bier ist zu bitter, die Brezen sind zu salzig
und die Radieschen zu scharf. Vertraut mit Schafs- und Ziegenkäse,
würde er bei einem Stück Emmentaler garantiert sofort an den großen

Löchern herumgemäkelt: „Da ist ja gar nix! Da fehlt ja was! So etwas kann kein richtiger Käse sein."
Nörgeln und nölen, bekrittelnd und sich beschweren, unzufrieden sein, schlechtreden, pessimistisch denken, alles mit einem Defizitblick betrachten … Wie Momos kann unser Innerer Nörgler das alles prima – manchmal im Zusammenspiel mit dem Inneren Kritiker! Wir schauen oft nur auf „die Löcher im Käse", auf das, was nicht da ist, was fehlt, was nicht gut läuft.
Mit so einem Blick bringst Du Dich in eine Abwärtsspirale und schwächst Dich damit selbst. Das wirkt im Alltag oft regelrecht als sich selbst erfüllende Prophezeiung.
Was würde denn passieren, wenn Du Dich stattdessen auf das konzentrieren würdest, was DA ist? Lenke den Blick auch auf den „Käse", schau auf das Positive!

„Isso": Wahrheiten über unseren Balkon
Bei „Biergarten" muss ich sofort an unseren Balkon denken, von dem ich Dir öfter erzähle: ein kleiner Altbauküchenbalkon im dritten Stock mit Blick auf eine Hinterhoflandschaft samt Biergarten. An ihm kann ich Dir eine meiner „Emmentaler"-Methoden aufzeigen. Sie hat vier Buchstaben und lautet „isso".
Momos würde über unseren Balkon vermutlich sagen: „Er ist klitzeklein, man findet nicht mal für drei Personen Platz, und er hat Roststellen. Die Sonne knallt drauf. Vom Biergarten unten hört man die Leute bis nachts um elf. Von dort und von der Gastwirtschaft wird man manchmal mit Essensgerüchen belästigt. Er ist nicht groß genug, um Beeren oder Gemüse drauf zu ziehen. Er ist ganz und gar nicht chic."
Tja, manche Tatsachen sind unbestreitbar, da beißt die Maus keinen Faden ab. Ich würde Momos antworten: „Stimmt. Das ist so, kurz: Isso.

Und zugleich stimmt: Dieser Balkon ist für mich wie ein weiteres Zimmer. Er ist mein geliebtes Gärtlein, bunt und duftend. Ich ziehe auf ihm neben Blumen auch Küchenkräuter und Tomaten, in den Kästen habe ich sogar schon Salatpflänzchen angebaut. Dort betreibe ich ,Urban Gardening Sandra-style‘. Er ist meine Lese- und Schreiboase unter einer Markise und einem sonnengelben Schirm, einer der Orte meiner ,Seelenbalsam-Manufaktur‘. Ich kann auf ihm laue Abende genießen. Und die Biergartengeräusche sind für mich wie das Brummen eines Bienenschwarms. Nach elf herrscht komplette Ruhe …“

„Stimmt – und zugleich“

Merkst Du, worauf ich hinaus will? Es genügt mir nicht, dem Blick auf die „Löcher“ den Blick auf „den Käse“ entgegenzusetzen. Ich versuche, das Ganze zum „Emmentaler“ zu verbinden. Denn die Löcher gehören untrennbar zu ihm, sie spenden ihm Aroma. Erst in der Summe schmeckt er köstlich!

Wenn unser Innerer Nörgler Negatives benennt, übernimmt er eine Warnfunktion. Wir sollten daraufhin genau schauen, ob sich etwas ändern lässt. Manchmal bleibt jedoch nur die Chance, Unabänderliches anzunehmen. Dagegen können wir sehr wohl an unserer jeweiligen Einstellung zu den Dingen arbeiten.

Innere Stimmen wollen gehört und ernst genommen werden! So ist es beispielsweise auch mit dem Inneren Kritiker und dem Inneren Perfektionisten. Nur wenn wir zulassen, dass sie ZU laut werden, kommen wir aus dem Gleichgewicht. Ein gewisser kritischer Blick kann nicht schaden.

Statt für ein „Entweder-oder“ plädiere ich also für ein „Sowohl-als-auch“. Daher kombiniere ich beim Emmentaler-Prinzip das „Isso“ mit einem „und zugleich“. Würde ich ein „Ja-aber“ entgegensetzen, würde das beim Inneren Nörgler Widerstand auslösen und ihn zu noch lauteren Aktionen provozieren. Das „und zugleich" wirkt dagegen in Richtung einer friedlichen Koexistenz. Beide Sichtweisen dürfen stehenbleiben. Du nimmst Deiner nörgelnden inneren Stimme damit ein Stückweit den Wind aus den Segeln. (Das funktioniert übrigens auch bei menschlichen NörglerInnen.)

Wenn Du das übst, wirst Du merken, dass Du Dir mit der Zeit erlauben kannst, das Positive stärker in den Vordergrund zu setzen. Dein Innerer Nörgler lernt, das auszuhalten, weil er immer noch da bleiben darf. Anders als Momos im Olymp …

 Das Emmentaler-Prinzip
Hier ein paar Beispiele, wie das im Alltag aussehen kann:
„Mein Chef ist ein stiller Mensch, der am liebsten hinter geschlossener Tür sitzt. Ein totaler Eigenbrötler." „Isso, stimmt. Und zugleich weiß ich, dass er sich zuverlässig Zeit für mich nimmt, wenn ich ihn um einen Termin bitte."
„Unser Kind ist nicht musikalisch (sportlich/sprachbegabt/ …)."
„Isso, stimmt. Und zugleich ist es sehr beliebt und total tierlieb."
„So ein Sch…wetter, den ganzen Urlaub hat's uns verregnet!"
„Isso, stimmt. Und zugleich hat uns der Regen Lese- und Spielzeit verschafft, die wir uns sonst nicht gegönnt hätten."

Mein Emmentaler-Prinzip lautet also: Schau nicht nur auf die „Löcher" (also das, was fehlt oder nicht mehr da ist), sondern auch auf den „Käse" (die Ressourcen, das Positive, die Chancen)!

Abschließend muss ich einen unserer familieninternen Lieblingswitze loswerden: *„Mama, ich mag die Löcher nicht!" „Dann iss halt nur den Käse und lass die Löcher am Rand liegen."*

Welche Erfahrungen hast Du mit der Verbindung von „Löchern"
und „Käse"? Wie bremst Du Deinen Inneren Nörgler aus?

 So machst Du aus anstrengenden Energievampiren harmlose Vamperl, Teil 1:
Stress, Gelassenheit, Selbstschutz, S. 31
ANNAs Veränderungsblues oder Unabänderliches annehmen, S. 114
Die Abwärtsspirale: Eine wirksame Anleitung zur Selbstschwächung in zehn
Schritten, S. 196

 www.seelenbalancieren.de/z2hz

What a difference a word makes ...

Ah, ein Klassiker des „Brillen-wechsels"! Das Anagramm aus unbekannter Quelle finde ich ver-blüffend.

Mit klitzekleinen Änderungen in der Formulierung von ausgesprochenen und unausgesprochenen Gedanken kannst Du Dich selbst in gute Gefühle wie Kraft, Optimismus und Selbstvertrauen bringen!

 Hier vier Beispiele dafür, wieviel ein Wort ändern kann:
1. Statt „Ich kann das nicht": „Ich kann das noch nicht."
2. Statt „FEHLER": „HELFER" (Nun ja, das Aussprechen hilft da nicht so viel, aber das drüber Nachdenken.)
3. Statt „Ich hoffe, dass …": „Ich bin optimistisch, dass …" (z. B. „… ich das hinkriege.")
4. Statt „Ich muss …" (z. B. „… diesen Auftrag fertig machen, weil man das von mir erwartet"): „Ich will …" (z. B. „… diesen Auftrag fertig machen, weil ich mich drauf freue, dass ich dann endlich frei bin.")
Ich selbst wende mit Erfolg alle vier Varianten an und kann sie wirklich empfehlen.
(Der Titel spielt übrigens auf den Jazz-Klassiker „What a Difference a Day Makes" von Dinah Washington an.)

 Welche Erfahrungen hast Du mit selbststärkendem Umformulieren?

„Wintergarten" und „Frühlingsröllchen": Selbststärkung mit schönen Worten,
S. 148
ANNAs sechster wirksamer Wundersatz für innere Balance: NOCH nicht,
S. 159
ANNAs siebter wirksamer Wundersatz, für innere Balance: Ich will, S. 190

 www.seelenbalancieren.de/pf74

Flieder statt Pfingstrosen

*Kennst Du das Jammern, wenn
der Frühling nicht schnell genug
vorankommt oder sich womöglich Regentage gönnt? Lass uns
lieber das Beste draus machen!*

Statt traurig zu sein, dass die Pfingstrosen noch geschlossen sind – sich
freuen, wie schön der Flieder blüht und wie köstlich er duftet.

 Mach's Beste draus: Drei Gute-Laune-Tipps für Regenwetter, S. 20
Reframing (nicht nur) für RosenfreundInnen, S. 150
Entwicklung, S. 244

 www.seelenbalancieren.de/i9pz

ANNAs Veränderungsblues oder Unabänderliches annehmen

Veränderungen sind ein prima –
wenn auch oft unerwünschter –
Anlass, die Perspektive zu wech-
seln. ANNA setzt sich quasi die
Chancenbrille auf. Das Foto
zeigt ihren „Gewinn", den Kasta-
nienblick vom sechsten Stock.

Wie leicht fällt es Dir, Veränderungen, die an Dich von außen herange-
tragen werden, anzunehmen? Meine Assistentin ANNA hat da ganz
aktuelle Erfahrungen zu berichten …:

 Ich bin ein Gewohnheitsmensch und liebe kurze Wege. Daher war
es für mich super, dass ich bei meiner vorigen Arbeitsstelle nur mal
kurz über den Platz gehen musste, um zu meinem Frauen-Fitness-
studio zu gelangen – und glücklicherweise auch nach dem Wechsel
zum nächsten Job ebenfalls nur ein paar Meter zu einer anderen
Filiale des Studios. Mein Inneres Faultier kann ich dadurch gut
überholen. Bis es rebelliert, bin ich schon beim Sporteln.

Im ersten Studio habe ich 15 Jahre lang quer durch unterschied-
lichste Lebensphasen trainiert – u. a. während einer langen
Krankheitsphase, schwanger, mit Baby (in der Kinderbetreuung) –,
im zweiten Studio immerhin siebendreiviertel Jahre. Freitagnach-
mittag nach Büroschluss ist meine Zeit! Ich gehe an die Geräte,
gönne mir dann Sauna und ein Schläfchen im Ruheraum. Das ist
auch meine Kreativzeit, mir kommen dort die besten Ideen! Ich
kann mir keinen schöneren Einstieg ins Wochenende vorstellen.

Es war ein regelrechter Schock für mich, als ich vor ein paar Monaten erfahren habe, dass mein aktuelles Studio wegen der künftig unbezahlbar hohen Mieten schließen muss. Nach dem Schreck und der Wut kam die Trauer, ich hatte einen regelrechten Veränderungsblues ...

Irgendwann war ich es leid, nur zu jammern. Hilft ja nichts, isso, daran kann ich nichts ändern. Dann habe hin und her überlegt, wo ich künftig trainieren mag und was mir wirklich wichtig ist. Daheim um die Ecke in einem Mini-Studio? Oder gleich umsteigen auf Pilates dort, wo ich Qigong mache, ebenfalls ganz in meiner Nähe? Mir wurde klar, dass mir die Sauna viel wert ist, und das bitte unter Frauen. Also war der logische Schritt: „heim" in mein früheres Studio.

Eine neue Jammerrunde: der weitere Weg .... alles umständlich ... das Radeln ist mir zu weit ... die Gepäckschlepperei, wenn ich „öffentlich" hinfahre ... Immerhin kam ich recht bald auf die Idee, mein Fahrrad beim Büro stehen zu lassen und nur die Fahrt zum Studio und zurück mit der U-Bahn zu bestreiten. Mein Gewinn: zweimal zehn Minuten Zeit für meinen U-Bahn-Krimi! Den gab es nicht mehr, seitdem ich nahezu alle Wege radele. Mit ihm tröste ich mich auch, wenn mir eine Bahn vor der Nase wegfährt: lesen statt ärgern!

Und bei den paar Malen, die ich inzwischen im „neuen" Studio trainiert habe, konnte ich noch einige weitere Vorteile gegenüber dem geschlossenen neu- und wiederentdecken: die Balustrade im sechsten Stock, bei der ich im Winter beim Saunieren die Arme auf Schnee legen kann – manchmal ein Fernblick auf die Berge und im Frühling einen gigantischen Blick auf Kastanienblüten von oben – neue Angebote, z. B. Gratisabende mit Beckenbodentraining (ein Thema, das ich mir sowieso vorgenommen hatte) – nette Kleinigkeiten wie Nanaminztee aus dem Samowar. Außerdem liegen für mich nun Filialen meines Lieblingsdrogeriemarktes und meiner Bank noch günstiger als bisher. Angenehm – wie gesagt, ich liebe kurze Wege.

Offenbar hat mich der Wechsel animiert, mich Neuem zu öffnen: Allmählich gewöhne ich mir auch ab, meinen alten Geräten nachzutrauern, sondern freunde mich mit den neuen an. Teilweise gefallen die mir sogar besser! Und letzten Freitag habe ich spontan und für mich selbst überraschend meine Saunazeit nach hinten verschoben und bei der zweiten Zumbastunde meines Lebens mitgemacht. Hat mich sehr belebt!

Ein erzwungener Fitnessstudiowechsel, ungewollt einen neuen Friseur des Vertrauens suchen müssen, ein anderer Bürostandort, mit dem man sich arrangieren muss – Außenstehende tun das manchmal schulterzuckend mit einem „So what, wo ist das Problem?" ab. Veränderungsscheue wie ANNA, die für sich das Passende gefunden hatten und es freiwillig nie geändert hätten, bekommen bei solchen Alltagsärgernissen erst einmal den Blues und fühlen sich gewaltsam entwurzelt.

Wie hat ANNA den Wechsel gut hinbekommen und sich wieder in Kraft gebracht? Sie hat den hilfreichen Gelassenheitssatz (frei nach Reinhold Niebuhr) angewandt:

> *„Ich wünsche mir die Gelassenheit,*
> *Dinge hinzunehmen, die ich nicht ändern kann,*
> *den Mut, Dinge zu ändern, die ich ändern kann,*
> *und die Weisheit,*
> *das eine vom anderen zu unterscheiden. "*

Ändern konnte sie nichts („isso"), also musste sie die Dinge annehmen. Und das Beste daraus machen! Nach den traurigen und wütenden Gefühlen hat sie ihren Kopf eingeschaltet und überlegt, was ihr
wirklich wichtig ist. Die Sauna hat vor der Wohnungsnähe gesiegt. Inzwischen hat ANNA weitere Vorteile der neuen Situation erkannt und
nutzt sie für sich. Sie trauert immer weniger dem alten Studio, der dortigen Einrichtung und den damaligen Geräten nach, sondern lässt sich
auf Neues ein. Der „U-Bahn-Krimi" ist übrigens eine Form des selbststärkenden Umdeutens/Reframings: „Juhu, warten zu müssen gibt mir
Gelegenheit zum länger Lesen!" Damit wendet ANNA an, was ich das
„Emmentaler-Prinzip" nenne: nicht nur auf die „Löcher" schauen (also
das, was fehlt oder nicht mehr da ist), sondern zunehmend auf den
„Käse" (die Ressourcen, das Positive, die Chancen).

 Wie gehst Du mit von außen verordneten Veränderungen um?
Was hilft Dir dabei?

 Das Emmentaler-Prinzip oder Schau auch auf das, was DA ist, S. 136
Wind der Veränderung, S. 154
„Niente panico": Fünf Kraftsätze, die Dir helfen, Deinen eigenen Perfektionis-
mus abzuschwächen und das Leben mehr zu genießen, S. 162

 www.seelenbalancieren.de/61b7

„Wintergarten" und „Frühlingsröllchen": Selbststärkung mit schönen Worten

*Hier geht es um eine Variante des sprachlich-gedanklichen „Brillenwechsels", den ich Dir so ähnlich auch beim selbststärkenden Umformulieren („What a difference a word makes ...")
zeige.*

Für die – manchmal tristen – Tatsachen des Lebens schöne(re) Worte zu finden, ist eine selbststärkende Form des Reframings, des Umdeutens. Diese Methode kann ich sehr empfehlen!

Klingt „ich setzte mich in meinen Wintergarten" nicht viel schöner als „ich hocke mich innen in der Küche an die Balkontür und sehe draußen auf die noch spätwinterlich kahle Hinterhoflandschaft"? Für mich löst das Wort „Wintergarten" sofort angenehme Fantasien von meinem Traumhaus aus: Die alte, renovierte Villa hat natürlich einen solchen verglasten bepflanzten Innenraum, eine schöne Terrasse und ist von einem duftenden, blühenden Garten mit Obstbäumen samt Hängematte umgeben ... Hach ... Du siehst, ich beame mich mit dem Wort direkt in eine kleine wohltuende Fantasiereise. Sehr angenehm und entspannend!

Oh ja, ich genieße meinen sehr realen Großstadt-Mietwohnungs„wintergarten": meinen Sonnenplatz am Wochenende, nach dem Mittagessen, mit Cappuccino und Süddeutscher Zeitung! Hin und wieder ist er mit Pflanzen geschmückt, so wie mit den Schachbrettblumen auf dem Foto. Später im Jahr, wenn mein heißgeliebter Mini-Balkon bepflanzt und die Luft warm ist, wird er wieder mein „Schreib- und Lesezimmer im Freien", meine „Seelenbalsam-Manufaktur". All dies steht auf meiner Lebensfreudeliste!

Nun habe ich Dir schon eine Reihe von schönen Worten genannt, die mich in gute Gefühle bringen. Ähnlich verhält es sich mit den „Frühlingsröllchen": Tut es nicht viel besser, den eigenen Winterspeck so nett zu titulieren, als dem Inneren Kritiker die Macht zu geben, einen zu beschimpfen? Oder die grau werdenden Haare als „Silberfäden" und zu kurz geschnittene Haare als „Sommerfrisur" zu bezeichnen? Mit all dem kenne ich mich aus, das kannst Du mir glauben ... Ich erzähle Dir mehr davon in meinem Mutmachartikel „Midlife ohne Crisis".

 Welche guten Erfahrungen mit selbststärkendem Umformulieren hast Du? Ich freue mich auf Deine Beispiele für schöne Worte!

 Midlife ohne Crisis: Mutmach-Gedanken einer Mittelalten zu Ü50, Gleitsichtbrillen und Erfahrungsrucksäcken, S. 108
Das Emmentaler-Prinzip oder Schau auch auf das, was DA ist, S. 136
What a difference a word makes ..., S. 141
Brombeeren, Rosen und Lavendel: Entspannung und Kraft tanken im Fantasiegarten, S. 151

 www.seelenbalancieren.de/j8fk

Reframing
(nicht nur) für RosenfreundInnen

Welch schönes Beispiel dafür,
was „Reframing/Umdeuten" be-
deutet! Das Sprichwort gefällt
mir als Liebhaberin duftender
Rosen ganz besonders gut.

Ärgere dich nicht,
dass der Rosenstrauch Dornen trägt,
sondern freue dich darüber,
dass der Dornenstrauch Rosen trägt.
(Arabisches Sprichwort)

  Flieder statt Pfingstrosen, S. 143

  www.seelenbalancieren.de/ngd8

Brombeeren, Rosen und Lavendel: Entspannung und Kraft tanken im Fantasiegarten

Sowohl Brombeeren als auch Ro-
sen und Lavendel sind für mich
von Farbe, Duft, Geschmack und
Haptik her einfach unwidersteh-
lich. Und da mein Balkönchen zu
klein dafür ist, gehe ich halt in
meinen Fantasiegarten ...

In meinem wunder-vollen (!) Lieblingsgarten gibt es Rosen, Brombeeren und Lavendel – Flieder, Sonnenblumen und Veilchen – Kirschblü-
ten und vollreife Kirschen – Him-, Heidel- und Johannisbeeren –
Minze, Rucola und Schnittlauch – Kürbisse, Gurken und Süßkartoffeln
– Mangos, Pfirsiche und Aprikosen – Grillenzirpen und Mauersegler
im Abendlicht – eine Schaukel an einem alten Baum – Birken und Zy-
pressen – weiches Moos und Gras – eine Hängematte im Schatten –
ein plätscherndes Bächlein – und noch viel mehr, das ich riechen, an-
sehen, schmecken, hören und mit Haut, Fingern oder Füßen spüren
mag ...

Biologisch unmöglich, das alles gleichzeitig und im selben Garten zu
finden? In meinem Kopf, in meiner Fantasie, geht das! Und zwar noch
schöner und vielfältiger, als ich es hier in Worten ausdrücken kann. Et-
liches davon habe ich übrigens tatsächlich in einem realen Garten in
Südfrankreich gefunden, aus dem auch das Abendlichtfoto stammt.

Dir gefallen vermutlich andere Gegenden, Farben, Früchte und Blumen als mir, Du hast sicherlich andere Sinnesvorlieben als ich. Du
kannst Dir ganz einfach ebenfalls Deinen ganz persönlichen Fantasie-

garten schaffen, den allerschönsten Ort für Dich, um Entspannung
und Kraft zu tanken.

 Übung: Mein Fantasiegarten

*Stell dir vor, du hast einen Garten geschenkt bekommen. Er ist ge-
nau so, wie du ihn dir erträumst. Du besuchst ihn nun in Gedanken, gehst in ihm spazieren und nimmst alles intensiv in dich auf.
Vielleicht helfen dir folgende Fragen dabei:*

- *In welcher Landschaft liegt dein Garten?*
- *Hat er eine Umgrenzung? Wie sieht sie aus?*
- *Was siehst du? Welche Farben nimmst du wahr?*
- *Welche Gerüche erfüllen deinen Garten?*
- *Was wächst dort? Möchtest du etwas pflücken oder ernten?*
- *Was hörst du?*
- *Gibt es einen Bach, einen Brunnen oder eine sonstige Wasser-
  stelle?*
- *Bietet dein Garten eine Art von Unterschlupf?*

 Und nun halte bitte deinen wunderbaren, ganz persönlichen
Garten wie ein Erinnerungsfoto mit einem Bild oder einer
Skizze, am besten mit Buntstiften, fest. Male, zeichne oder skizziere einfach drauf los, keine Hemmungen! Es ist nur für dich
persönlich, kein Kunstwerk, das jemand bewerten wird.

Das Gartenthema begleitet mich schon lange: In einem meiner Selbststärkungsseminare führe ich die TeilnehmerInnen in einer Fantasiereise in ihren eigenen inneren Garten. Ich habe unterschiedliche Farb-
stifte und -kreiden dabei. Jedes Mal entstehen sehr schöne persönliche
Bilder und Skizzen der individuell vollkommen unterschiedlichen
Fantasiegärten. Großartig! Und der rote Faden meines Online-Kurses,

von dessen allmählicher Entstehung ich hier im Buch an verschiedenen Stellen erzähle, wird der innere Wohlfühlgarten sein.

 Wie sieht Dein Fantasiegarten aus? Was gibt es dort Erholsames für Dich?

 Den Urlaub in den Alltag verlängern, S. 68
Ein Elfchen-Lob der Hängematte, S. 215
Mit der Nase in gute Gefühle, S. 225

 www.seelenbalancieren.de/5fvm

Wind der Veränderung

Meine Fragen beruhen auf ei-
nem Weisheitsspruch aus China.

 „Wenn der Wind der Veränderung weht: Wo baue ich Mauern?
Wo baue ich Windmühlen?"

Kann ja beides sinnvoll sein, je nachdem …

 ANNAs Veränderungsblues oder Unabänderliches annehmen, S. 144
Alte Gewohnheiten, S. 247

 www.seelenbalancieren.de/nx8r

Herbstblues oder Romantik?
Weg vom „Mangel", hin zur „Fülle"

Das Foto habe ich an beim Lau-
fen im wunderschönen oberfrän-
kischen Itzgrund, zwischen Bam-
berg und Coburg, gemacht.

Am Ende des Artikels findest Du
übrigens eine neue Variante des
Perspektivenwechsels: den Blick
mit Distanz aus einem hochstei-
genden Fesselballon.

Bei manchen Menschen löst eine herbstliche Nebellandschaft wie auf
dem Foto regelrecht einen Blues aus: Angst vor düsteren Stimmungen,
Trauer über den Abschied von Sonne und Wärme … Andere dagegen
finden dasselbe Bild romantisch oder angenehm mystisch, freuen sich
über buntes Herbstlaub und Goldtöne, auf gemütliche Teestunden daheim und dass im Herbst ihr neuer ersehnter Kinofilm startet.

Die Nebellandschaft selbst ist neutral. Wir interpretieren sie uns in die
eine oder andere Richtung und bringen uns damit in unsere eigene
Wahrheit – deprimiert oder optimistisch, in eine gedankliche Abwärts-
oder eine Aufwärtsspirale, in Schwäche oder Stärke. Der Clou ist, dass
wir – mit gewisser Übung – in relativ großem Maße die Wahl haben,
wie wir etwas sehen wollen! Und mit dem sogenannten „Gedankenma-
nagement" können wir auch unsere Gefühle lenken. Wenn wir dann,
bei positiver Denkrichtung, entspannter und in besseren Gefühlen sind,
nehmen wir hinter dem grauen Nebel auch das bunte Dorf wahr …

Jetzt fragst Du Dich vielleicht, was das mit „Mangel" und „Fülle" in der
Überschrift zu tun hat. Auf diese Begriffe bin ich im Zusammenhang

mit Wegen zu einer positiven Beziehung zu Geld gestoßen. Und ich
finde, sie passen großartig zu meinem Selbststärkungskonzept! Nehmen wir statt der symbolischen Nebellandschaft eine schwierige All-
tagssituation: eine schriftliche oder mündliche Aussage, die uns verletzt und mit der wir umgehen müssen. Die Aussage besteht „nur" aus
Wörtern, die Verletzung ist eine Interpretation! Wer in der Verletzung
verharrt und sich in die gedankliche Abwärtsspirale begibt, wird aus
einem „Mangel" heraus denken, sprechen und handeln. Das kommt
dann bei einem selbst und bei anderen als „arm", „Opfer" und „bedürf-
tig" rüber. Wer es dagegen schafft, mit Gedankenkraft bewusst in
Richtung „Fülle" zu gehen, wird souveräner und gelassener sprechen
und handeln – mit entsprechend besseren Chancen, die eigene Posi-
tion gut zu vertreten.

Ich höre Dich schon fragen: „Ja gern, aber wieeeee??" Als zwei Erst-
maßnahmen möchte ich Dir meine Dankbarkeitsfragen (aus meinem
Impuls- und Notizbuch „Mein Weg zu mehr Gelassenheit") und meine
Ballonübung zum Blick mit Distanz empfehlen. Beide helfen schon ein
Stück raus aus dem Mangelgefühl und dem Stress, den es bedeutet:

 Impulsfragen zu Dankbarkeit:
*„Wofür in meinem Leben bin ich dankbar? … Wie kann ich das
zeigen? … danken, Dank sagen … das Schöne und Bereichernde
sehen und nicht als selbstverständlich nehmen … Erntedank: Was
habe ich gesät, was darf ich ernten? … Wem verdanke ich was? …
Ich bin dankbar, nicht weil es vorteilhaft ist, sondern weil es
Freude macht. (Seneca) …"*

Blick mit Distanz:
*„Angenommen, ich könnte mich mit einem Fesselballon vom Bo-
den entfernen und mein Leben von oben sehen: Wie würde mein
Blick sich weiten? Was würde sich relativieren? Was aus meinem
Umfeld würde ich dann durch die größere Distanz wahrnehmen?"*

Ich wünsche Dir viel Erfolg beim Weg vom Herbstblues hin zur Romantik, vom „Mangel" in Richtung „Fülle"!

 Das Emmentaler-Prinzip oder Schau auch auf das, was DA ist, S. 136
Die Abwärtsspirale: Eine wirksame Anleitung zur Selbstschwächung in zehn
Schritten, S. 196

 www.seelenbalancieren.de/i78x

Sommer-Elfchen „Strandbad"

Das Foto zeigt die Spiegelung
von Sonnenschirmen am Rand
des angenehm altmodischen
Bergsee-Strandbads, von dem
das Elfchen handelt.

Bergsee
traumhaftes Strandbad
Wald und Gebirge
schwimmen, rudern, lesen, sonnen
Nachmittagsglitzern

 Welche wunderschöne Sommer-Erinnerung wandelst Du in ein
Elfchen um?

 Federleicht hingetupft: Anleitung zum entspannenden Elfchen-Schreiben (mit
Elfchen-Elfchen), S. 23
Elfchen zum Sommerabschied: „Altweibersommer", S. 131

 www.seelenbalancieren.de/ted5

ANNAs sechster wirksamer Wundersatz für innere Balance: NOCH nicht

Der Satz macht Menschen Mut, die sich von ihrer inneren Perfektionismus-Stimme in ihren Möglichkeiten begrenzen zu lassen. Mit dem Satz „Ich kann das nicht" stehen sie sich oft selbst im Weg. Das eingeschobene Wort „noch" erweitert die Perspektive und die Handlungsfähigkeit.

In meinen Selbststärkungsseminaren lasse ich die TeilnehmerInnen an geeigneter Stelle hinspüren, wie es sich für sie anfühlt, „Ich kann das nicht" zu sagen – und dann noch einmal, wie „ich kann das NOCH nicht" wirkt. „Befreiend, erweiternd, weit, da fällt eine Barriere weg, ich kann tiefer atmen" sind typische Reaktionen.

What a difference a word makes …, S. 141
„Niente panico": Fünf Kraftsätze, die Dir helfen, Deinen eigenen Perfektionismus abzuschwächen und das Leben mehr zu genießen, S. 162
ANNAs vierter wirksamer Wundersatz für innere Balance: Üben, S. 104

www.seelenbalancieren.de/9zou

Hütehund, Beraterteam & Co.

„Niente panico": Fünf Kraftsätze, die Dir helfen, Deinen eigenen Perfektionismus abzuschwächen und das Leben mehr zu genießen

Das war mein Beitrag zur Blogparade „Sei UnPerfekt" meiner Coachkollegin Jutta Held, die aus den Aufsätzen ein E-Book gemacht hat. Du kannst es Dir gratis herunterladen: www.juttaheld.de/e-booksei-unperfekt-blogparade

Mit dem eigenen inneren Anspruch, alles perfekt hinkriegen und zu 100 Prozent schaffen zu wollen, machen sich viele Menschen fix und fertig – ein echter Klassiker, dieser Energieräuber. Bei meinen Gedanken für Dich, wie Du lernen kannst, alles etwas gelassener anzugehen, hilft uns meine fiktive Begleiterin ANNA, eine fortgeschrittene Schülerin im *Seelenbalancieren*.

Bevor ich mit zwei ANNA-Geschichten einsteige, habe ich eine Empfehlung für Dich: Schau Dir doch bitte das Foto oben unter dem Aspekt „perfekt" an und registriere, welche Gedanken Dir da so kommen.

 ANNA-Geschichte 1: „Niente panico" – meine erste Italienischstunde mit Anfang 30
Damals war ich erholungsbedürftig, so mitten in der Doktorarbeit neben einer ganzen Stelle her. Klingt vielleicht verrückt, war für uns aber die richtige Idee: Mein Freund und ich hatten Lust da-

rauf, einen Italienurlaub in der Emilia Romagna mit einem Sprachkurs zu verbinden. Wir hofften (zu Recht!) auf gutes Essen, Bewegung in toller Natur, Abwechslung für den Kopf. Die Sprachenschule hieß wegen der Farbe des Hauses Scuola Verde („grüne Schule"). Beim Sprachtest unter Anleitung des deutschen Schulleiters wurden wir beide in die Anfängerklasse eingeteilt. Der Superluxus: Wir zwei bildeten eine Miniklasse und bekamen gemeinsam eine Lehrerin.

Cristina war uns sofort sympathisch. Sie konnte allerdings – zumindest offiziell – kein Deutsch, kein Französisch und kaum Englisch. Mir war klar, da würden mir wohl auch meine Latein- und Basis-Spanischkenntnisse nicht helfen. Schriftliches Italienisch konnte ich mir zu dem Zeitpunkt ganz gut ableiten, und auch vom langsamen Mündlichen bekam ich ein bisschen was mit. Unter anderem, dass Cristina mich zu Beginn unserer ersten Stunde aufforderte, von mir – auf Italienisch! – etwas zu erzählen. „Aber, ich weiß doch nicht einmal, wie man korrekt ‚ich heiße ANNA' sagt! Das erwartet sie anscheinend von mir – Was sage ich denn jetzt? – Was kann ich mir ableiten? – Mist, keine Ahnung … Hilfe!" So in der Art ging's in mir ab. Ergebnis: Ich fühlte mich total blockiert, mir stiegen die Tränen in die Augen und ich stammelte aus einer kompletten Hilflosigkeit heraus „non posso" („Ich kann nicht"). Cristina sah mich ruhig an und sagte herzlich: „ANNA. La regula numero uno della Scuola Verde: Niente panico!" („Regel Nummer eins der Grünen Schule: Keine Panik!"; niente wird als ni-ente gesprochen). DAS verstand ich! Die Fürsorglichkeit unserer Lehrerin tröstete mich, wir mussten lachen und ich konnte mich entspannen. Dann gönnten wir uns einen Neustart. Der Kurs war übrigens wunderbar und hat uns richtig viel gebracht. Den Spruch

„niente panico" habe ich als Helferlein behalten, immer verbunden mit einem tiefen Atemzug.

 ANNA-Geschichte 2: Hüftschwung mit Schnaufern – meine erste Zumbastunde mit Anfang 50

Bei einem Familienbesuch in meiner Heimatstadt hat mich meine liebe Schwägerin Simona, Mitte 30, eingeladen, probeweise an der von ihr angebotenen Zumbastunde teilzunehmen. Meine Gedankenabfolge war ungefähr so: „Das ist doch total anstrengend, die Kondition habe ich doch gar nicht. Dafür bin ich echt schon zu alt, oder? Oh mei, wie ich da wohl aussehen würde? – Ich habe keine Ausstattung dabei. – Aber neugierig wäre ich schon sehr, auch um zu sehen, wie die Simona das macht. – Hey, ist doch wurscht, wie ich mich anstelle. Ich will Spaß haben. ‚Niente panico!'" Die Ausstattungsfrage ließ sich mit von Simona geliehener Kleidung improvisiert lösen. Ich hatte also keine Ausrede mehr. Wasserflasche und Fotoapparat mussten auch mit – meine Rettungsanker, wie sich noch herausstellen sollte.

Mir ging es dann gemischt: Simona hat eine super-mitreißende Art, sie leitet unglaublich gut an! Ich verstehe, dass ihre Schülerinnen es lieben, zu ihr gehen. Und die fetzige Musik ging mir sofort in die Beine. Auch mein Hüftschwung war Chachacha-geprägt nicht schlecht. Aber mein Körper hat zunehmend gejammert … Zwar konnte ich die Bewegungsabläufe relativ gut abschauen, weil ich tanzerprobt bin und früher Aerobicstunden besucht habe. Aber die Puste ging mir schnell aus, da half mein langsames Jogging offenbar nichts. Und das viele Hüpfen hat meinen Knien nicht gut getan, ganz zu schweigen davon, wie unangenehm es ist, dabei keinen Sport-BH anzuhaben …

Außerdem war ich von den Abfolgen tatsächlich ganz schön gefordert, vor allem wenn ich die Richtungsorientierung verlor. „Ja aber die anderen können das doch auch …?" Ich habe mir selbst gut zugeredet und mir bewusst klargemacht, dass die anderen nur ungefähr halb so alt wie ich sind; die könnten alle meine Töchter sein. Klar sind die fitter als ich. Außerdem mussten sie die Bewegungsabläufe auch erst lernen; das kann niemand auf Anhieb. „Sind hier irgendwo andere Anfangsfünfzigerinnen, die zum ersten Mal mithoppeln? Ich könnte das auch lernen. Ich kann das halt NOCH nicht. Ich finde, für eine Anfängerin in meinem Alter mache ich das gut genug." Zwischendrin habe ich mir ganz persönliche Trink- und Fotografierpausen gegönnt – wie eine Reporterin stand ich am Rand und habe das Ganze dokumentiert, nebenbei ein prima Alibi. Und in der zweiten Hälfte habe ich mir erlaubt, nicht mehr zu hüpfen und viele Bewegungen nur anzudeuten. Denn: „Müssen tu ich hier gar nix – ich darf!"

Der innere Antreiber „Sei perfekt!" und wie wir ihn abschwächen können

Zwei Geschichten der fast-Überforderung – zwei unterschiedliche Umgangsweisen damit. Schauen wir uns erst noch einmal die Italienischstunde an: Die Lehrerin Cristina hat einfach mal vorgefühlt, was geht. Sie hat nichts von ANNA erwartet. Den Druck hat ANNA sich komplett selbst gemacht! Ein anderer Mensch hätte schlichtweg mit den Schultern gezuckt, Cristina freundlich angelächelt und geschwiegen. Oder – die aggressive Variante – ihr womöglich den Vogel gezeigt: „Warum sind wir hier denn in der Anfängerklasse? Sie ist doch die Lehrerin …" So in der Art. Damals kam verschärfend ANNAs Erschöpfung hinzu, die sie sowieso schon dünnhäutiger empfinden und mit Tränen reagieren ließ; eine klassische Stressreaktion. Die Fürsorge der Lehrerin und das gemeinsame Lachen wirkten dagegen entspannend auf sie. (Aber Stressbewältigung, An- und Entspannung sind andere Themen, die ich jetzt hier nicht vertiefe.)

Wenn ANNA in der Zumbastunde noch denselben Perfektionismus-Anspruch wie damals bei der Italienischstunde gehabt hätte, wäre sie sicherlich wieder verzagt oder zumindest gnadenlos frustriert gewesen ... ANNA hatte sich in den Jahren dazwischen mit Selbststärkung beschäftigt und dabei u. a. mit ihren inneren Antreibern auseinandergesetzt.

Von den typischen fünf Antreibersätzen sind laut einem Testergebnis zwei bei ihr besonders ausgeprägt: „Mach es allen recht!" und „Sei perfekt!". (Die weiteren lauten „Sei schnell!", „Streng dich an!" und „Sei stark!".)

ANNA hat gelernt zu spüren, wenn die Antreiber nicht mehr nur unterstützend wirken, sondern sich belastend allzu breit machen. Und sie hat, begleitet von ihrer Coach-Frau, für sich Erlaubersätze formuliert – und zwar so feingeschmirgelt, dass sie ihr passen wie ein maßgefertigter Handschuh.

Mit ANNAs Genehmigung verrate ich Dir ihre ganz persönlichen Erlaubersätze: Der zum Antreiber „Sei perfekt!" lautet, „Ich darf alles gelassener angehen". Der Erlaubersatz zu „Mach es allen recht!" heißt bei ANNA, „Ich darf mir mehr Platz nehmen". Beide helfen ihr, entspannter durchs Leben zu gehen – wie sich bei der Zumbastunde zeigte.

Fürsorglichkeit für die beste Freundin – sich selbst

Außerdem hat ANNA in der Zwischenzeit mehr Selbstfürsorge entwickelt. Sie geht achtsam mit ihren Bedürfnissen um, beispielsweise durch gute Ausstattung, Pausen und Verpflegung (in diesem Fall Wasser). Und sie redet sich selbst gut und unterstützend zu, wie sie es bei ihrer besten Freundin tun würde. Auch der Gedanke, sich nur mit echt Vergleichbaren zu vergleichen, ist ein Aspekt der Selbstfürsorge. In der Italienischstunde hatte Cristina die Rolle der Fürsorglichen; jetzt kann ANNA diese Rolle sich selbst gegenüber einnehmen.

Fünf Kraftsätze gegen den eigenen Perfektionismus

ANNA und ich möchten Dir zusammenfassend fünf Sätze mitgeben, die Dir helfen sollen, Deinen Perfektionismus ein paar Nummern zu verkleinern. Wir wünschen Dir viel Spaß und Erfolg beim Ausprobieren!

1. Ich muss nicht, ich darf.
2. Ich kann das noch nicht. (Statt „Ich kann das nicht.")
3. Gut genug!
4. Niente panico!
5. Ich bin gut zu meiner besten Freundin – mir selbst.

Die perfekt unperfekten blauen Fensterläden

Abschließend möchte ich Dich noch einmal zur Ausgangsfrage zurückführen. Welche Gedanken sind Dir zum Foto gekommen? Sind die südfranzösischen Fensterläden auf dem Foto nach korrekten typisch-deutschen Ansprüchen perfekt? Wohl eher nicht. Sind sie gut genug und erfüllen ihren Zweck? Sind sie im Vergleich zu vielen anderen funktionalen Fensterläden auf ihre ganz persönliche Art schön und tragen mit ihrem individuellen Charme sogar Freude in die Welt? Was meinst Du?

PS: Für Wissbegierige

Den Antreibertest findest Du in der *Psychologie Heute*, Februar 2002, S. 20–29, z. B. über Deine Stadtbücherei.

„Gut genug" wurde durch den englischen Kinderpsychotherapeuten Donald Winnicott eingeführt, um Mütter von ihrem selbstgestrickten Perfektionismus zu entlasten („a good enough mother").

What a difference a word makes …, S. 141
ANNAs erster wirksamer Wundersatz für innere Balance: Ich darf, S. 26
ANNAs zweiter wirksamer Wundersatz für innere Balance: Beste Freundin, S. 52
ANNAs achter wirksamer Wundersatz für innere Balance: Gut genug, S. 216

www.seelenbalancieren.de/sqt7

Coaching für den Hütehund in mir oder Manchmal ist tatsächlich der Weg das Ziel

In diesem Artikel zum Thema „Selbstcoaching mit inneren Stimmen" frage ich mich unter anderem, ob mein nächstes Projekt ein weiteres Buch sein wird. Ich freue mich über das ein Jahr später entstandene Ergebnis: Du liest gerade darin.

Innere Stimmen zu erforschen, ihnen zuzuhören, sich von ihnen unterstützen zu lassen und sie selbststärkend lauter oder leiser werden zu lassen, ist eine wunderbare Coachingmethode. Auch zum Selbstcoaching ist der Ansatz prima geeignet. Du kennst vielleicht meine Empfehlung, Dir ein motivierendes Inneres Inspirationsteam einzuladen und bei schwierigen Arbeitssituationen Dein Inneres Beraterteam um Rat zu fragen.

Diese Selbstcoaching-Methode konnte ich gerade sehr gut brauchen: Mich trieb es eine Zeitlang ziemlich um, welches BALANCE-Projekt ich als nächstes angehe und worauf ich meine Aufmerksamkeit fokussiere, also wohin ich meine Energie fließen lasse. Endlich in meinen schon lange angepeilten Online-Selbstlernkurs? Wenn ja, in welchem Umfang, mit welchen Methoden/Medien und zu welchem konkreten Thema? Oder doch in mein drittes Buch? Ich schwankte immer wieder hin und her, war also gar nicht in meiner Balance.

Gleichzeitig bin ich, seitdem alles Nötige für mein zweites Buch und den Tischaufsteller getan war, damit beschäftigt, neue kreative Methoden auszuprobieren. Du hast ja schon mitbekommen, dass ich viel mit Handlettering experimentiere und nun sogar schon mehrere kleine BALANCE-Videos erstellt habe. Das macht mir riesig Spaß!

Das fühlte sich aber so „zweckfrei" an – ich hatte kein ZIEL. Mein Innerer Kritiker meckerte rum, dass ich sooo wohl absehbar nichts produziere und es Zeit werde, endlich festzulegen, woraufhin ich in welchem Zeitplan mit welchen Methoden arbeite. Mein Perfektionismus-Antreiber fand auch, so könne ich nicht vorgehen; das sei unprofessionell. Na danke. Ich kann mich aber noch nicht entscheiden, was ich als nächstes angehe – so weit bin ich noch nicht! Hilfe!

Wie konnte ich also dieses Problem lösen, um zufrieden und gelassen mein Ziel zu suchen?

In einer fruchtbaren Selbstcoaching-Sitzung fand ich heraus, dass es da noch eine andere wichtige Stimme gibt: den „australischen Springcollie" in mir.

Was das sein soll? Seit einer „Wetten-dass"-Sendung vor vielen Jahren, in der ein toller Hund auf Zuruf viele Spielsachen apportieren konnte, nennen wir in unserer Familie eifrige, wuselige, einsatzbereite Wesen so. Es handelte sich um einen Border Collie oder Australian Shepherd. Diese Hütehunde brauchen eine AUFGABE, die sie gut erfüllen können.

Mein Innerer Hütehund will nicht nur spielen! Er ist auch gar nicht glücklich damit, wenn ihm gesagt wird, er solle sich jetzt mal eine Zeitlang ausruhen. Er will einen Auftrag, der ihn ausfüllt. Daher habe ich ihm die Parole ausgegeben, jetzt sei „Lernen und Experimentieren" angesagt! Auch der Kritiker und der Perfektionismus-Antreiber können gut damit leben.

Es hat funktioniert: Nun genieße ich mein Rumprobieren viel mehr und bin sicher, mein nächstes Projekt wird sich beim Tun erschließen. Es kann noch dauern, aber es wird sich klären.

In diesem Fall ist also tatsächlich mal „der Weg das Ziel".

 Hast Du ähnliche Erfahrungen, wie Du über Deine inneren Stimmen zu mehr Gelassenheit kommen konntest?

 Einladung an das Innere Inspirationsteam, Teil 1: Die Gästeliste, S. 172
„Bleib locker!" Wie das Innere Beraterteam bei schwierigen Arbeitsbesprechungen helfen kann, S. 177
Einladung an das Innere Inspirationsteam, Teil 2: Die wohlwollenden Tischgespräche, S. 179
Noch ein Coaching für den Hütehund in mir oder Auch langsam komme ich voran, S. 183

 www.seelenbalancieren.de/2ujy

Einladung an das Innere Inspirationsteam, Teil I: Die Gästeliste

Wie Du Dich nur über Gedan-
kenkraft selbst stärken kannst,
ist eines meiner Herzensthemen.
Hier zeige ich Dir Möglichkei-
ten, wie Du dafür all jene ein-
spannen kannst, die Du aus ir-
gendwelchen Gründen toll
findest. Du erfährst dadurch
mehr über sie – aber vor allem
über Dich selbst.

Wesen und Wegweiser

„Wow, die macht ihr Ding! – So eine positive Ausstrahlung! – So
möchte ich auch wirken. – Da könnte ich mir eine Scheibe abschnei-
den. – Das gibt mir einen Schubs: Das möchte ich auch endlich mal
(wieder) … tun. – Der/die beeindruckt mich."

Das sind typische Reaktionen, wenn wir im richtigen Leben, aber auch
in Filmen oder Büchern auf Menschen oder Wesen stoßen, die uns begeistern. Du kennst das ganz bestimmt. Ich sage „Wesen", weil ich
sicher bin, dass auch Fantasiefiguren wie Fuchur (der freundliche
Glücksdrache aus Michael Endes „Unendlicher Geschichte") oder
Meister Yoda (der kleine grüne weise Jedi-Meister aus dem Star-Wars-
Universum) auf manche Leute durchaus inspirierend wirken können.
Ihre Aussagen, Verhaltensweisen, Persönlichkeiten, Entwicklungen
und Ideale können uns anregen, bei uns selbst genauer hinzuschauen,
wer wir sind und wie wir handeln (wollen). Wenn wir sie als Vorbild
nehmen, können sie uns motivieren. Die Umsetzung darf dann ruhig
ein paar Nummern kleiner ausfallen als beim Original, aber wir haben
Wegweiser für die Richtung, in die wir uns bewegen wollen. Wer beispielsweise von der Lebensgeschichte eines Marathonläufers fasziniert

ist, geht vielleicht selbst wieder öfter laufen; es muss ja nicht gleich das eigene Marathontraining für New York sein …

Das Innere Inspirationsteam

Dies alles fasse ich unter „Inspiration" zusammen. Es geht also nicht um Neidattacken oder selbstschwächende Gedanken („Das kann ich NIE"!), sondern um die positive Kraft solcher virtueller oder echter Begegnungen. Diejenigen, die Du als inspirierend empfindest, trägst Du als „Inneres Inspirationsteam" in Dir. Du kannst Dich dabei ganz und gar auf Deine Intuition verlassen: Du fühlst Dich von den für Dich gerade Richtigen angezogen. Die Mischung ist vollkommen individuell und hat etwas mit Dir persönlich zu tun. Und die werden wir uns jetzt näher anschauen.

Der Rahmen für beide Übungen, die ich Dir hier vorstelle, ist eine Einladung an Dein Inneres Inspirationsteam, die Du aussprichst, beispielsweise zu einem schönen Abendessen. Zum Auftakt überlegst Du Dir, wen Du einladen willst, was die besonderen Qualitäten Deiner Eingeladenen sind – und was das mit Dir selbst zu tun hat. Du erstellst also eine Gästeliste:

 Übung 1: Die Gästeliste

Nimm Dir ein Blatt Papier, am besten DIN A4 quer, und teile es in vier Spalten.

Wer?

In die erste Spalte notierst Du mindestens fünf Dich inspirierende Menschen oder Wesen. Wen findest Du so richtig gut? Es gibt keinerlei Beschränkung! Von der netten Nachbarin über Hildegard von Bingen und den Musiker Bono bis zu Galadriel, der Elbenkönigin aus der „Herr der Ringe"-Trilogie – es gibt zig Möglichkeiten. Schreib sie untereinander und lass Platz dazwischen, damit Du ergänzen kannst.

Was gefällt mir?

In die zweite Spalte schreibst Du, was Du jeweils an dem Inspirationsmenschen oder -wesen toll findest. Was begeistert Dich? Was gefällt Dir? Was macht ihn oder sie so besonders für Dich? Das können übrigens ganz kleine Eigenheiten und Taten sein! Lass Dir Zeit dafür. Bestimmt ergänzt Du die Liste Deiner Gäste in den nächsten Tagen noch. Und es kann gut sein, dass Du Gruppen bildest: „Menschen, die …, wie x, y, z".

Was hat das mit mir zu tun?

Jetzt wird's richtig interessant! Wenn Du das Gefühl hast, Deine Liste ist komplett, kannst Du Dich der dritten Spalte zuwenden: Überlege und notiere zu jeder Aussage der zweiten Spalte, was das mit Dir persönlich zu tun hat. Bist Du auch ein bisschen so? Oder handelt es sich um ein Ideal, das Du anstrebst, von dem Du Dich aber noch weit entfernt fühlst?

Was will ich ändern?

Um aus Deinen Erkenntnissen Konsequenzen zu ziehen, hast Du die vierte Spalte zur Verfügung. Bitte in kleinen, machbaren Mini-Schritten!

Wichtig: Es gibt hier kein richtig oder falsch! Und oft löst dieselbe Inspirationsperson bei verschiedenen Menschen Unterschiedliches aus.

Ich gebe Dir zwei Beispiele:
Wer Miss Piggy mag, könnte in der zweiten Spalte notieren „dass sie so selbstbewusst zu sich und ihrem Körper steht", in der dritten Spalte „ich würde auch gern selbstbewusst auftreten" und in der vierten „ich traue mich, morgen meinen Hut in der Öffentlichkeit aufzusetzen".
Wen Melinda Gates beeindruckt, weil sie ihren Reichtum für Wohltätiges einsetzt, könnte als Verbindendes feststellen, dass er oder sie mit Geld Gutes in dieser Welt tun will und die Konsequenz ziehen, sich bald mit ethischen Geldanlagen zu befassen.

Im zweiten Teil schauen wir uns die Tischunterhaltung Deiner Gäste an. Auch das hat viel mit Dir zu tun – Du darfst Dich drauf freuen!

PS: Falls Du Dich für theoretische Hintergründe interessierst:
Dass das, was uns anspricht, direkt mit uns selbst zu tun hat, läuft in der Psychologie unter „Resonanzprinzip".
Ich habe für das „Innere Inspirationsteam" den Begriff des „Inneren Teams" des Kommunikationspsychologen Friedemann Schulz von Thun ausgebaut; ein Ansatz, mit dem ich oft im Coaching arbeite und den ich auch in meinem ersten Selbststärkungsbuch „Mein Weg zu mehr Gelassenheit" anwende.

PPS: Und falls Du neugierig bist, wer zu meinem Inneren Inspirations- und Vorbildteam gehört: Einiges davon erzähle ich Dir im Abschnitt „Über mich" auf meiner Homepage *www.seelenbalancieren.de.*

„Bleib locker!" Wie das Innere Beraterteam bei schwierigen Arbeits-
besprechungen helfen kann, S. 177
Einladung an das Innere Inspirationsteam, Teil 2: Die wohlwollenden
Tischgespräche, S. 179

 www.seelenbalancieren.de/0v8u

„Bleib locker!" Wie das Innere Beraterteam bei schwierigen Arbeitsbesprechungen helfen kann

*Ich liebe mein Inneres Berater-
team! Es konnte mir wirklich
schön öfter richtig gut weiterhel-
fen. Die Methode trage ich in die
Welt, u. a. in meinem Seminar
„Die Brille wechseln", aus dem
das Foto stammt.*

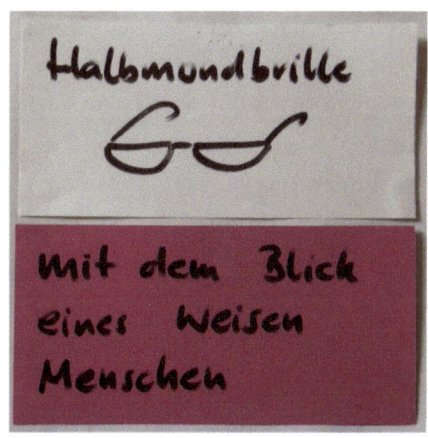

Bei einem Seminar reagierten die Teilnehmerinnen regelrecht verblüfft auf meine Empfehlung, in schwierigen Situationen ihre inneren Stimmen um Rat zu fragen. „???" Ja, das ist eine ganz wunderbare Methode – nein, unterschiedliche innere Stimmen zu hören, hat meistens nichts mit Schizophrenie zu tun, sondern ist vollkommen normal!

Nehmen wir als Beispiel eine Arbeitssituation, etwa ein Mitarbeiter- oder Beurteilungsgespräch, vor dem Dir mulmig ist. Dann könntest Du Dein „Inneres Beraterteam" fragen, wie Du Dich vorbereiten könntest und mit welcher Haltung Du in das Gespräch hineingehen solltest. Ich empfehle Dir, zumindest die Rollen „weise", „kindlich", „humor- voll/lustig" und „alltagspraktisch/pragmatisch" zu vergeben. (Eine aus- führliche Anleitung, wie Du so ein Team zusammenstellst, findest Du in meinem Buch „Ich wünsche mir Gelassenheit" ab S. 124.) Das weise Wesen könnte z. B. Professor Dumbledore sein, wenn man die Harry- Potter-Welt so liebt wie ich – aber das ist wirklich ganz und total Dir selbst überlassen.

So, was teilen sie Dir denn mit, Deine inneren Beraterstimmen? Eventuell sagt ...

... die Stimme eines weisen Wesens: „Überleg Dir, wie Deine Führungskraft tickt, um nicht unerwünschte Reaktionen zu provozieren. Sei diplomatisch und gehe mit Vernunft statt mit heftigen Gefühlsäußerungen rein!"

... die Stimme eines kindlichen Wesens: „Du musst gar keine Angst haben. Eigentlich mögt Ihr Euch doch!"

... die Stimme eines humorvollen/lustigen Wesens: „Hey, alles easy, bleib locker! Geh entspannt rein, das ist schon die halbe Miete!"

... die Stimme eines alltagspraktischen/pragmatischen Wesens: „Du weißt selbst am besten, was Du kannst und geleistet hast. Bereite Dich gut vor und mach Dir eine Liste, dann kannst Du nichts vergessen."

 Am besten schreibst Du die Sätze auf, die Dir Deine BeraterInnen sagen. Probier mal aus, Dir mit dieser Methode des Selbstcoachings zu helfen!
Viel Spaß dabei und Gewinn damit!

 Einladung an das Innere Inspirationsteam, Teil 1: Die Gästeliste, S. 172
Einladung an das Innere Inspirationsteam, Teil 2: Die wohlwollenden Tischgespräche, S. 179
Noch ein Coaching für den Hütehund in mir oder Auch langsam komme ich voran, S. 183

 www.seelenbalancieren.de/4ww9

Einladung an das Innere Inspirationsteam, Teil 2: Die wohlwollenden Tischgespräche

Hier die versprochene Fortsetzung zur gewinnbringenden selbststärkenden Einladung an Dein Inneres Inspirationsteam.

„Die Gästeliste" hieß die Übung in Teil 1. Dabei konntest Du Dir überlegen, wen Du einladen willst, was die besonderen Qualitäten Deiner Eingeladenen sind – und was das mit Dir selbst zu tun hat.

Das Treffen ist im Gange

Jetzt gehen wir gedanklich weiter: Du hast die Liste fertiggestellt und die Einladung ausgesprochen. Deine Gäste haben sich darüber gefreut und sind alle gern gekommen. Das Treffen in angenehmem Rahmen ist bei leckerem Essen und Trinken gerade voll im Gange. Miss Piggy unterhält sich angeregt mit Gandhi und Leonardo da Vinci, Sophie Scholl mit Pippi Langstrumpf – je nachdem, wen Du alles eingeladen hast. Wie gesagt, die Mischung ist vollkommen individuell!

Du kennst das: Wenn die Gäste sich wohlfühlen, dann tauschen sie sich auch über die Gastgeberin oder den Gastgeber aus. Und weil Du ja nur nette Wesen und Menschen eingeladen hast, tun sie das in sehr wohlwollender Weise, vielleicht augenzwinkernd, aber auf jeden Fall positiv. Und damit sind wir bei der zweiten Übung, die ich Dir vorschlage:

Übung 2: Die wohlwollenden Tischgespräche
Holt Dir bitte wieder den Zettel von Übung 1 und übertrage die
Namen Deiner Gäste von oben nach unten auf ein neues Blatt,
am besten auch diesmal DIN A4 quer. Ich empfehle, für die Namen wieder ein Viertel des Platzes zu nehmen; damit bleiben
daneben drei Viertel für das, was Du Dir jetzt notierst:

Schreibe zu jedem Gast, was er oder sie über Dich Nettes sagt –
direkt zu Dir gewandt oder in einem Gespräch mit anderen Gäs-
ten, bei dem Du zuhörst. Halte ruhig mehrere Aussagen pro
Gast fest. Immer geht es in wertschätzender Weise um Dich:
„Sie/er ist … Ich mag an Dir … Besonders gefällt mir, dass er/sie
… Xy hast Du ganz besonders gut hingekriegt, finde ich …“

Und dann lies alles durch und spüre nach, wie es Dir damit geht …

Angenehm? Überrascht? Vielleicht erlebst Du sogar den Effekt,
den ich beim Coaching so liebe: „So kann man das also auch sehen?!“ Interessanterweise hast Du bei der Übung den Perspektivenwechsel ja selbst vollzogen.

Auch hier zwei Beispiele:
Wenn Leonardo da Vinci sagt: „Sie ist so kreativ und voller zu-
kunftsfähiger Ideen“, klingt das doch viel konstruktiver als die
negativ-selbstkritische Selbstbeschreibung „Ich spinne und fan-
tasiere rum, aber den Schmarrn, der mir einfällt, kann niemand
brauchen.“
Und Pippi Langstrumpfs Lob, „bei Dir ist es so toll bunt und lebendig, das macht gute Laune“, fühlt sich doch besser an als „bei
mir schaut's chaotisch aus, und kein Teil passt zum anderen“.

Oder? Beides stimmt auf seine Weise, es kommt nur drauf an,
wie man es sieht. Du hast die Wahl!

So geht's weiter mit dem Inneren Inspirationsteam
Ich wünsche Dir viele gute Erkenntnisse und selbststärkende Gedanken aus beiden Übungen! Was Du aufgeschrieben hast, kannst Du immer wieder nachlesen, um Dich in gute Gefühle zu bringen. Das ist
Selbstcoaching pur!
Du hast Dein ganz persönliches Inspirationsteam immer in und bei
Dir! Und glaub mir, es ist eine hilfreiche Methode, mit den Teammit-
gliedern in Gedanken hin und wieder zu plaudern und Dich davon
aufbauen zu lassen – vor allem, wenn Du merkst, dass Dein Innerer
Kritiker sich mal wieder zu viel Raum nimmt und Dich mit seinen defizitorientierten Formulierungen niedermacht. Hör hin, was Dir stattdessen Deine wohlwollenden Inspirationswesen erzählen – dann rela-
tiviert sich vieles. Sie verhelfen Dir zu einem positiven,
ressourcenorientierten, (selbst)fürsorglichen Blick auf Dich selbst!

PS: Wieder ein Nachtrag für alle, die eine Theorieeinordnung mögen:
Dass es nicht DIE Wirklichkeit gibt, sondern wir sie durch unsere Be-
trachtung erst erschaffen, wird als „Konstruktivismus" bezeichnet. Ein
gängiges Beispiel ist die Frage, ob das Glas halb voll oder halb leer ist.
Beides stimmt; wir haben die Freiheit zu entscheiden, wie wir es sehen
wollen. Ein bekannter Vertreter dieser Denkrichtung ist Paul Watzla-
wick, den Du vielleicht von seinem Buch „Die Anleitung zum Un-
glücklichsein" kennst.
Eng damit zusammenhängend: Sich mit anderen Augen zu sehen und
die Perspektive zu wechseln, gehört in den Bereich des „Reframings",
also der Umdeutung.

Einladung an das Innere Inspirationsteam, Teil 1: Die Gästeliste, S. 172
„Bleib locker!" Wie das Innere Beraterteam bei schwierigen Arbeitsbesprechungen helfen kann, S. 177

 www.seelenbalancieren.de/t5hd

Noch ein Coaching für den Hütehund in mir oder Auch langsam komme ich voran

*Ich genieße es, im Abstand zu se-
hen, wie meine Projekte sich wei-
terentwickelt haben! Ich komme
tatsächlich – langsam – voran.
Inzwischen ist klar: Von der Gar-
tenskizze auf dem Foto werde ich
viel in meinen Online-Kurs über-
nehmen.*

„Wieso bin ich noch nicht weiter? Ich weiß doch genau, dass ich xy tun
will, und komme nicht dazu! So wird das ja nie was …" Kennst Du solche jammernden und mahnenden Selbstgespräche? Ich schon. Derzeit
melden sich meine inneren Stimmen ziemlich deutlich wegen meines
geplanten *Seelenbalancieren*-Online-Programms, bei dem ich viel langsamer vorankomme, als ich mir das wünsche und ursprünglich vorgenommen hatte. Besonders laut melden sich mein Innerer Kritiker und
mein „Innerer Hütehund". Diesen lebhaften „Springcollie" in mir
kennst Du auch schon aus meinem Beitrag „Coaching für den Hütehund in mir oder Manchmal ist tatsächlich der Weg das Ziel".
Nun habe ich mir dieses nervige Antreiberduo (mal wieder) genauer
angeschaut und geschafft, es zu besänftigen. Vielleicht helfen Dir
meine hier eingesetzten zwei Selbstcoaching-Methoden, Deine eigenen
mahnenden inneren Stimmen etwas einzufangen.

 Methode 1: Mein Inneres Beraterteam befragen

Mir kam das Angebot für einen Online-Kurs unter, der wie für
mich geschaffen schien: Ein intensiv betreutes Gruppenpro-
gramm einer kompetenten Trainerin über acht Wochen hinweg
ab Mitte November (mit Weihnachtspause). Das Ziel ist, den

eigenen ersten Online-Kurs endlich „auf die Straße" zu bringen;
ein erprobtes Programm quasi mit Erfolgsgarantie.

Mein erster Impuls, war: „Super, genau das, was ich brauche!
Dann ist mein Kurs endlich fertig und ich habe mir selbst gegenüber kein schlechtes Gewissen mehr." Mein zweiter, „äh –
oder doch nicht?". Um mir klarzuwerden, ob ich das Geld, die
Zeit und die Kraft investieren will, habe ich mein Inneres Beraterteam befragt. Interessant, dass mir alle vier Stimmen mit Ge-
genfragen geantwortet haben:

- die kindliche Stimme: „Willst Du wirklich mit so vielen
  gleichzeitig spielen?"
- die humorvolle Stimme: „Magst Du Deine Vorweihnachtszeit nicht fröhlicher verbringen?"
- die pragmatische, alltagspraktische Stimme: „Brauchst Du
  wirklich noch mehr Druck, um gut zu arbeiten?"
- die weise Stimme: „Du wolltest doch stärker beachten, ‚Alles
  zu seiner Zeit' zu tun. Ist das jetzt die richtige Zeit dafür?"

Oha, da hatten alle vier ins Schwarze getroffen. Anhand dieser
Fragen wurde mir klar, dass

- ich tatsächlich derzeit keine Lust darauf habe, mich mit
  Gruppenprozessen und den Online-Kursen anderer, mir zunächst fremder, Leute zu beschäftigen.
- ich nach diesem relativ anstrengenden Jahr lieber eine geruhsame Vorweihnachtszeit hätte statt noch mehr zu powern.
- ich mir selbst schon eher zu viel Druck als zu wenig mache –
  und nicht noch künstlich externen Druck draufsatteln
  muss/möchte.
- derzeit andere Themen anstehen.

Resümee: Der sicherlich supergute Kurs ist gar nicht das, was ich brauche. Das konnte auch die kritische Stimme in mir gut akzeptieren. Danke, liebes Inneres Beraterteam!

 Methode 2: „Ja – und zugleich"
Mein Innerer Springcollie ist zurzeit wieder am Rumwuseln und freut sich riesig darauf, endlich mit mir Videos zu drehen, zu lernen, sie zu bearbeiten, sie in die Welt zu bringen, die grafische Gestaltung meines Online-Programms voranzubringen undundund. … Am liebsten würde er die Scheinwerfer und die Kamera anschleppen, mir vor die Füße legen und mich freudig hechelnd mit wedelndem Schwanz dazu auffordern, endlich mit diesen tollen Dingen (und ihm) zu spielen.

Ich habe nachgelesen, wo ich vor einigen Monaten gestanden bin und muss sagen, ich bin überrascht. Und wenn ich mir, u. a. anhand meines Blogs als quasi-Tagebuch, genauer anschaue, was in meinem Leben in den letzten Monaten alles los war und ist … kann ich das Gemeckere meines Inneren Kritikers, ich sei noch nicht weit genug, gelassen von mir weisen.

Damit der Springcollie und der Innere Kritiker sich gehört und angenommen fühlen, hilft es, ihnen kein „Ja, aber", sondern ein „Ja – und zugleich" entgegenzuhalten. Das entspannt sie und treibt sie nicht in den Widerstand – übrigens eine Kommunikationstechnik, die sich auch für lebendige Gegenüber empfiehlt. Sie gehört zu meinem „Emmentaler-Prinzip", das ich Dir in einem anderen Beitrag ausführlich erläutere.

Und so lief unser Gespräch ab:
Sie sagten: „Du wolltest noch Deinen Kurs fertig kriegen. Und so viel fehlt noch! Die Technik liegt rum und Du machst nix damit. Irgendwie bist Du dauernd mit was anderem beschäftigt. Und früher hast Du viel öfter lange Blogartikel geschrieben, nicht nur die kurzen Impulse."
Ich sagte: „Ja, das stimmt. Da habt Ihr recht." Und zugleich stimmt auch, dass ich

- viele andere tolle Dinge für BALANCE vorangebracht habe, wie ich in meinem Acht-Jahres-Rückblick nachlesen kann.
- derzeit so viele Coachees habe wie noch nie!
- immerhin den Kurs, wie ich Videos mit mir aufnehme, absolviert und mir die nötige Technik zugelegt habe. Die ersten Übungsvideos sind entstanden. Und ich konnte alles schon prima für das große „Schatzfinder"-Videointerview durch meine regenbogenbunte Coachkollegin Elke Storath (*www.rainbow-moments.de*) im September brauchen!
- einen (natürlich Online-)Kurs gekauft habe, in dem ich lerne, wie ich mit einer bestimmten Software Videos bearbeite.
- seit der Rückkehr aus unserem Pfingsturlaub sehr viel mit innerfamiliären Themen, die häufigere Fahrten als sonst ans andere Ende Bayerns mit sich bringen, zu tun habe. „Das Leben" und „der Tod" sind schwer einplanbar …
- meine sechswöchige Sommerpause kreativ genutzt und inzwischen die Inhalte, die Gestaltung und die Struktur meines geplanten Kurses erarbeitet habe.
- mit Beraterinnen zu diesem Online-Programm im Austausch bin, wie bei der genussvollen Besprechung auf dem Foto zu Beginn des Kapitels: mit der Fuß- und Körpergefühl-Exper-

tin Birgit Faschinger-Reitsam im Münchner Gartensalon – einem meiner Lieblingscafés hier im Münchner Univiertel. Wir bilden eine kleine „Mastermind"-Gruppe, in der wir uns gegenseitig für unsere Projekte unterstützen. (Rate mal, wem das schuhgeschmückte Heft und wem der Schokokuchen mit Rosenblättern gehören ...)

Meine wichtigsten Erkenntnisse:
- Dass ich erfreulicherweise quasi ausgebucht bin, bedeutet Zeit und Gedankenkraft, die mir nicht gleichzeitig für andere Projekte zur Verfügung stehen.
- Ich habe zum Online-Programm mein WAS klar, mir fehlt noch das WIE. Ich weiß, was meine nächsten Schritte sein werden. Ich muss sie nur noch gehen.

Meine Konsequenzen draus:
- Noch heute kaufe ich die Software zur Videobearbeitung. Damit erhöhe ich die Verbindlichkeit mir selbst gegenüber.
- In nächster Zeit konzentriere ich mich auf das WIE, also die technischen Aspekte der Umsetzung. (Alles andere ist notiert und geht mir nicht verloren. Womöglich werde ich sogar von meiner bald beginnenden Fortbildung zur Achtsamkeitsmeditation etwas einbauen können.)
- Ich gönne mir eine geruhsame und genussvolle Vorweihnachtszeit und verschiebe mein Endziel „Online-Programm" ohne fixen Termin. Dennoch werde ich in jeder Woche etwas für mein Programm voranbringen; und wenn es noch so klein ist. Ich gehe langsam und in „Baby Steps" – aber auch damit komme ich voran.

So, nun ist der Kritiker besänftigt. Und mein Springcollie weiß, dass er bald wieder zum Spielen und Lernen kommen wird.

 Und jetzt Du: Wie gehst Du mit dem Gefühl um, bei Deinen Plänen nicht schnell genug voranzukommen?

 Bergtour, Beppo, Baby Steps: Drei Gelassenheitsstrategien, mit denen Du große Aufgaben schaffst, S. 86
Das Emmentaler-Prinzip oder Schau auch auf das, was DA ist, S. 136
Coaching für den Hütehund in mir oder Manchmal ist tatsächlich der Weg das Ziel, S. 169

 www.seelenbalancieren.de/93qt

Elfchen „Seifenblase"

Hast Du schon einmal auspro-
biert, riesengroße Seifenblasen zu
machen? Die auf dem Bild hatte
einen Durchmesser von mindes-
tens 40 cm. So etwas Spieleri-
sches gefällt bestimmt dem Kind
in Dir!

Seifenblase
überraschend groß
perlmuttschimmernd und leicht
Geschenk an den Wind
Glücksmoment

 Wie lautet Dein Elfchen zu einer beglückenden alten oder ganz neuen schönen Tätigkeit?

 Federleicht hingetupft: Anleitung zum entspannenden Elfchen-Schreiben (mit Elfchen-Elfchen), S. 23
Stolze Grüße vom Kletterbaum oder Mach mal wieder was ganz altes Schönes oder was ganz Neues!, S. 73

 www.seelenbalancieren.de/t3pp

ANNAs siebter wirksamer Wundersatz für innere Balance: Ich will

Menschen, die dazu neigen, lästige Pflichten zu vermeiden – wie ANNA das Putzen – oder sich ertappen, wie sie ihrer Aufschieberitis frönen (Fachausdruck „Prokrastination", wörtlich „auf morgen verschieben"), können sich mit diesem Satz motivieren. Es geht hier nicht darum, Dir einfach einzureden, Du wollest die Dir unangenehme Arbeit freiwillig hinter Dich bringen, um Deinen inneren Trotz auszuhebeln. („Müssen tut der Mensch bloß sterben", sagt man in Bayern.)

Nein, den Clou erlebst Du, wenn Du zwei weitere Komponenten hinzufügst:
• Überlege Dir, warum und mit welchem Ziel Du das nun angehen willst. Was willst Du damit erreichen? Stell Dir vor, wie gut es Dir danach gehen wird: wie zufrieden Du sein wirst, wenn Du den Bericht geschrieben oder die Steuererklärung gemacht haben wirst – wie angenehm Deine Umgebung aussehen und riechen wird, wenn Du die Aufräum- oder Putzaktion geschafft haben wirst etc. Also: „Ich muss nicht – ich will, WEIL …" oder „… DAMIT …"

- Und dann nimmst Du gedanklich die Freude und die guten Gefühle vorweg. Du ziehst mit dem Schwung, den Du dabei spürst, Deine Aufgabe durch. Jawoll!

Es ist Deine aktive Entscheidung, das genau jetzt zu tun, mit innerer („intrinsischer") Motivation, nicht weil Dir jemand von außen sagt, dass Du das tun musst („extrinsisch" motiviert). Und dabei unterstützt Dich der Satz. Viel Erfolg damit!

 Eine Teilnehmerin einer meiner Workshops hat eine interessante Variante des Satzes beigetragen, die ich als Tipp gern weitergebe: Bei manchen Vorhaben, für die man gleichzeitig innere Stärke und Abgrenzung nach außen braucht (z. B. wenn man derzeit keine Süßigkeiten zu sich nimmt), ist es hilfreich, zur Umgebung und zu sich selbst zu sagen „ich WILL nicht" (plus „weil ich mich darauf freue, mich dann soundso zu fühlen") statt „ich DARF nicht".

 Bergtour, Beppo, Baby Steps: Drei Gelassenheitsstrategien, mit denen Du große Aufgaben schaffst, S. 86
Ein Satz mit Zauberkraft: Muss ich das jetzt machen?, S. 91
What a difference a word makes …, S. 141
ANNAs erster wirksamer Wundersatz für innere Balance: Ich darf, S. 26

 www.seelenbalancieren.de/ddi2

Selbst-
für(mich)-
sorge

Das tägliche Brot der Seele:
Schlafen als Kraftquelle

Auch inspirierende Zitate kön-
nen bewirken, dass man den
Wert eines Alltagsthemas mit
einer neuen „Brille" sieht. Meine
Arbeitssituation hat sich mittler-
weile deutlich entspannt, das
Schlafthema bleibt für mich
als Nachtmenschen jedoch aktu-
ell …

Hier habe ich mal wieder ein schönes Zitat für Dich, das mir sehr gut gefällt:

Der Schlaf ist das tägliche Brot der Seele.
(Carl Ludwig Schleich, Arzt und Schriftsteller, 1823–1907)

Diesen Satz habe ich beim Zeitschriftendurchblättern für meine inspi-rierende Jahreszielcollage gefunden und dort auch gleich verwendet. Ich beschäftige mich tatsächlich momentan intensiv damit, warum ich in den letzten Monaten viel zu oft zu wenig geschlafen habe und wie ich regelmäßig wieder zu mehr Schlaf komme. Dass man bei dauerhaf-tem Schlafmangel an Stabilität, innerer Balance und Lebensfreude ver-liert, muss ich, glaube ich, nicht erläutern. Schlaf ist wichtig zum Erho-len, Fit- und Schönbleiben, Verarbeiten und auch Lernen!

Ich kann aus verschiedenen Gründen derzeit meinen eigenen Rhyth-mus nicht so leben, wie es mir gut täte. Da kommt eine wilde Mi-schung zusammmen aus „zu viel Arbeit für den Hauptjob" (wegen eines

Projekts, das fertig werden soll, mehr ganze als halbe Stelle), „dennoch
Lust und Freude, für BALANCE zu arbeiten", „zu selten Zeit für den
(Nach)mittagsschlaf", „Cappuccino-Doping" und deswegen „am späten Abend putzmunter", „geliebte laue Sommernächte am Blumenbal-
kon", „ich werde doch wohl nicht vor meinem Kind ins Bett gehen!",
„ich bin eine Gerne-nachts-Schreiberin" (ja, meine Blogbeiträge für
Dich!) und „zerhackte Nächte wegen Hitzewallungen".

Ein paar Konsequenzen aus meinen Erkenntnissen habe ich gezogen,
unter anderem einen Ausstieg aus der Koffeinspirale. Wohldosierter
Umgang mit Tee funktioniert bei mir auch prima, putscht mich deutlich weniger, ist billiger und hat netterweise noch dazu weniger Kalo-
rien. Ich habe das Gefühl, ich bin auf einem guten kraftspendenden
Weg. Ich schlafe nämlich richtig gern!

Jetzt sagst Du vielleicht, „schlafen wäre ja nett – ich liege oft wach rum
und wälze mich von links nach rechts!". Dann profitierst Du bestimmt
von meinen Einschlafhilfen („Fällt herab kein Träumelein …"). Und
zusätzlich zu einem angenehmen Einstieg in den erquicklichen Schlaf
wünsche ich Dir (und mir) auch noch wunderschöne Träume!

 Wie geht es Dir mit dem Schlaf und der Kraftquelle Schlafen?

 ANNAs Fächertanz: Entspannter Umgang mit Wechseljahrsbeschwerden,
S. 121
Fällt herab kein Träumelein: Einschlafhilfen und wie sie wirken, S. 204
ANNAs zweiter wirksamer Wundersatz für innere Balance: Beste Freundin,
S. 52

 www.seelenbalancieren.de/76rz

Die Abwärtsspirale: Eine wirksame Anleitung zur Selbstschwächung in zehn Schritten

Das angemessen verdrießlich blickende Baumstammgesicht steht auf dem künstlerisch gestalteten Spielplatz beim Ökologischen Bildungszentrum in München-Englschalking.

Du hast Lust, Dich mies und schwach zu fühlen? Du suchst einfache Methoden, wie Du Dich ohne weitere Hilfsmittel sehr schnell und möglichst dauerhaft aus dem inneren Gleichgewicht und in schlechte Gefühle bringen kannst? Da hab ich was für Dich:

1. Blicke nach unten, mache dabei einen möglichst runden Rücken, lasse den Kopf und die Schultern hängen und bewege Dich schlaff. Atme möglichst flach und schnell. Ziehe die Mundwinkel nach unten, lasse Dein Gesicht Sorgenfalten bilden.

2. Umgib Dich mit Farben und Dingen, die Du nicht gern ansiehst – mit Klängen und Geräuschen, die Dich nerven – mit Gerüchen, die Dir unangenehm sind – mit Materialien, die Du nur widerwillig anfasst.

3. Nimm Essen und Getränke zu Dir, die Dir zuwider sind und die möglichst viele künstliche, zuckerhaltige und fette Anteile enthalten.

4. Bestrafe Deinen Körper dafür, dass er Dir Deine Vergänglichkeit zeigt. Lasse ihn innerlich und äußerlich vertrocknen, führe ihm möglichst viele Gifte zu, gönne ihm keine Ruhezeiten und wenig Bewegung.

5. Führe Dir täglich vor Augen, wie schwach, inkompetent und hässlich Du Dich findest. Mache Dir selbst Druck, kritisiere und schimpfe Dich viel.

6. Ärgere Dich so oft wie möglich. Anlässe finden sich überall.

7. Umgib Dich mit Menschen, die nichts von Dir halten und die Dich schlecht behandeln.

8. Suche immer die Botschaften heraus, die Dir beweisen, wie gemein alle zu Dir sind. Bestimmt ist die große Mehrzahl der Menschen böse und will Dir schaden.

9. Blicke immer auf das, was fehlt und was nicht geklappt hat. Eindeutig: Das Glas ist halb leer.

10. Mache möglichst viele Dinge, die Dir keine Freude bereiten und bei denen Du Dich unwohl fühlst.

Du wirst sehen, mit diesen Maßnahmen bringst Du Dich immer weiter in eine Abwärtsspirale, weg von Lebensfreude und Tatkraft.

 Falls Du Dich nach diesem Beitrag nach noch mehr Selbstschwächung sehnen solltest: Der Kabarettist Nico Semsrott (*www.nicosemsrott.de*) zeigt als „Demotivationstrainer" weitere sichere Wege in die Abwärtsspirale unter dem Motto „Freude ist nur ein Mangel an Information" …

 Welche wirksamen Wege zur Selbstschwächung fallen Dir ein? Welche davon praktizierst Du erfolgreich?

 So machst Du aus anstrengenden Energievampiren harmlose Vamperl, Teil 1: Stress, Gelassenheit, Selbstschutz, S. 31
So machst Du aus anstrengenden Energievampiren harmlose Vamperl, Teil 2: Ärger, Wut, Angst, S. 43
Das Emmentaler-Prinzip oder Schau auch auf das, was DA ist, S. 136
ANNAs fünfter wirksamer Wundersatz für innere Balance: Aufrecht, S. 132

 www.seelenbalancieren.de/x6je

Bunte kleine Arbeitspausen:
Tipps zum Auftanken in Mini-Einheiten

*An diesem bunten Foto aus
Paris lässt sich gleich eine ganze
Reihe meiner selbststärkenden
Seelenbalancieren-Methoden
und -Tipps aufzeigen.*

Wenn's bei der Arbeit mal wieder besonders hektisch zugeht und wir
nicht wissen, wo uns der Kopf steht, übersehen wir noch leichter als
sonst, gut für uns zu sorgen. Dann kommen leider ein ausführliches
Mittagessen, eine Runde Sport im Fitnessraum oder -studio (ja, ich
kenne Kolleginnen, die das machen!) oder ein erholsamer Mittags-
schlaf überhaupt nicht in Frage … Was wir oft vergessen: Im Alltag
helfen uns regelmäßige kleine und kleinste Pausen- und Erholungsein-
heiten, um wieder fit(ter) zu werden – am besten spätestens nach ein-
einhalb Stunden. Gerade dann, wenn wir „eigentlich" gar keine Zeit
dafür haben, brauchen wir sie besonders!

Ich lade Dich nun zu einem gedanklichen kleinen Spaziergang ein,
mitten hinein in das Foto! Die bunte Szenerie hat mich zu ein paar Impulsfragen und Mini-Pausentipps inspiriert (bezogen auf typische
Büroberufe):

Wie kommen wir dahin?
Tja, dafür musst Du als erstes aufstehen. Die Arme und Bein ausschüt-
teln, Dich bewegen, den Platz verändern – alles, was Dich aus der oft
sehr gleichförmigen Sitzhaltung bei Besprechungen oder am Bildschirm holt, tut Dir gut.

Tipp 1: Ein paar Minuten raus- und um den Häuserblock gehen, lässt Dich „den Kopf auslüften", hilft gegebenenfalls, Stresshormone abzubauen, und kurbelt den Kreislauf an. Weitere Wege als sonst wählen, Wasserkocher/Kopierer/Toiletten in anderen Stockwerken aufsuchen, Treppensteigen bringen Dir ebenfalls ein paar zusätzliche Bewegungseinheiten.

Tipp 2: Achtsames Gehen und Stehen kannst Du überall und jederzeit machen. Spüre Deine Füße und was sie Wunderbares leisten!

Wohin hat uns unser Spaziergang eigentlich geführt?
Gefällt Dir das Straßencafé? Es ist in Paris – für viele Menschen eine Traumstadt.

 Tipp: Schließe ein Weilchen die Augen für eine klitzekleine selbstgebastelte Fantasiereise – nach Paris oder in eine andere Traumstadt, in die Südsee, nach Hogwarts, in andere Zeiten, durch Deinen Körper, in eine wunderschöne Erinnerung oder zu einem Kraftort Deiner Wahl. Beim Wiederhierankommen räkelst und streckst Du Dich am besten, bevor Du erfrischt an Deine Aufgaben zurückgehst.

Wer soll auf den Stühlen sitzen?
Mit wem machst Du gern eine klitzekleine Pause, auch wenn sie nur ein paar Minuten dauert? Kontakte mit netten Menschen, Lachen und anregende Gespräche – am besten ohne Arbeitsbezug – können prima Kraftquellen sein. Oder brauchst Du es ganz im Gegenteil gerade, allein zu sein?

Tipp: Wohin kannst Du Dich zurückziehen, um ein paar Minuten ganz für Dich zu sein? In den Waschraum! Dort kannst Du – im Idealfall unbeobachtet – sowohl ein paar Dehnungs- als auch Entspannungsübungen machen, Dir erfrischendes Wasser über die Handgelenke laufen lassen und Dich im Spiegel anlächeln.

Was soll auf den Tischen stehen?

Was nimmst Du als gesunden, stärkenden Pausensnack zu Dir? Trinkst Du genug Wasser oder nichtputschenden Tee, um Deine Gedanken „flüssig" zu halten? Was hast Du an besonderen Genüssen parat, um Dir gut zu tun?

 Tipp: Immer einen gefüllten Wasserkrug und Trockenfrüchte oder Studentenfutter parat halten. Nüsse und Mandeln sind Gehirn- und Nervennahrung! Dann kommt es nicht so leicht zum spätnachmittäglichen Süßigkeitenjieper („Wer hat Schokolade oder Gummibärchen?? Ich brauche sofort was!").

Was gibt es hier zu entdecken?

Grün-lila-blau-rot-orange-rund-eckig … Genau hinschauen, Details wahrnehmen … Kleine Achtsamkeitsübungen sind eine simple, wirkungsvolle Möglichkeit zum Auftanken. Setz Deine Augen und Ohren, Deinen Geruchs-, Geschmacks- und Tastsinn ein.

 Tipp 1: Nimm Dir Deinen Kugelschreiber/Füller oder Deine Uhr vor und schau sie Dir ganz genau an. Du wirst überrascht sein!

Tipp 2: Kippe Deinen Kaffee oder Tee nicht einfach runter, sondern beachte liebevoll, was Du über Deine Sinne wahrnimmst!

Was liegt in der Luft?

Tief und bewusst atmen, den Atem beobachten: beides sind uralte Ent-
spannungsmethoden, die sofort funktionieren! Sie machen uns ruhiger
und bringen uns raus aus akutem Stress.

 Tipp: Ein hilfreicher Gedankensatz zum Atmen lautet „rein, was
ich brauche – raus, was ich nicht brauche".

Apropos Luft: Du siehst, auf den bunten Tischen stehen keine Aschen-
becher; und das finde ich auch gut so. Hier ist mein Plädoyer für die
„Nichtraucherpause":
In meinen Seminaren konnte ich mit TeilnehmerInnen herausarbeiten,
was ihnen an ihren sehr stressigen Arbeitsplätzen die Raucherpause
bringt: Sie ist von der Umwelt anerkannt, dafür darf man regelmäßig
ein Päuschen machen. Man bewegt sich, man wechselt den Ort und
bekommt Abstand zum Geschehen, man ist an der „frischen" Luft,
man hat nette Gespräche mit Gleichgesinnten, man hat das Gefühl,
sich etwas zu gönnen, man fühlt sich danach entspannter …
Kommen Dir diese Aspekte bekannt vor? Genau diese Punkte
müssten bei einer Nichtraucherpause erfüllt sein! Und wenn Deine
ArbeitgeberInnen sie Dir nicht anbieten, musst Du wohl selbst für sie
und damit für Dich sorgen.

Und falls Dich noch meine persönlichen Erfahrungen und Gewohnheiten rund um Mini-Pauseneinheiten interessieren: Ich nutze all das, was
ich oben beschrieben habe! Wer mein Selbststärkungsbuch „Mein Weg
zu mehr Gelassenheit" kennt, weiß das bereits, stelle ich immer wieder
fest, weil ich regelmäßig auf meine Vorlieben angesprochen werde.
Ein flotter (oder auch langsamer) Spaziergang zum Auslüften ist von
unserem Bürogebäude aus zu jeder Jahreszeit schön, weil gleich gegen-

über der Alte Botanische Garten ist; Glück gehabt. Zum Krafttanken mag ich es, in meiner Fantasie eine feuerfarbene Energiekugel durch meinen Körper zu schicken – oder ein Inneres Lächeln. Sehr nette kleine Gespräche habe ich mit meinen Lieblingsverkäuferinnen, wenn ich mir hin und wieder mit meiner „achtsamen Butterbrezen- und Cappuccinopause" Gutes tue – mit Treppensteigen verbunden. In meiner Schreibtischschublade wartet eine Reihe von Bio-Trockenfruchtriegeln, lecker und stärkend. Meine Lieblingsachtsamkeitsübung zum Runterkommen ist das Wolkengucken aus dem Bürofenster, eine Alltagsmeditation. Um mich und meine Energie anzukurbeln, helfen mir eine kleine Ohrmassage und – falls ich allein im Büro bin – ein paar Qigongübungen. Beides macht Spaß und bringt sofortige Wirkung!

 Wie sehen Deine bunten kleinen Pausen aus? Was tust Du, um in Mini-Einheiten aufzutanken? Besonders, wenn Du keinen klassischen Bürojob hast (auf den ich mich beziehe), sondern beispielsweise von daheim aus arbeitest oder in der Pflege oder im Verkauf tätig bist?
(Wenn Du viel stehen oder herumlaufen musst, ist für Dich vermutlich eher das Hinsetzen und Beinehochlegen hilfreich als weitere Bewegung.)

 Tee: „A hug in a mug", S. 220
Meine achtsame Cappuccino- und Butterbrezenpause, S. 227
Ganz genau hinschauen, S. 228
Fußschmeichler, S. 230
ANNAs dritter wirksamer Wundersatz für innere Balance: Atmen, S. 77

 www.seelenbalancieren.de/76qc

Fällt herab kein Träumelein: Einschlafhilfen und wie sie wirken

Ein kleines Erinnerungsposter zu den Einschlafhilfen kannst Du Dir beim Original-Blogbeitrag herunterladen.

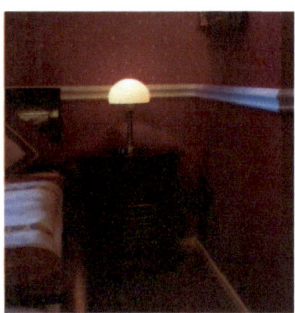

Leider fällt's eben manchmal nicht herab, das Träumelein – Du kennst das ganz bestimmt: zu viel im Kopf, aufgeregt oder überdreht, Sorgen, Hitzewallungen, Reise- oder Lampenfieber … Und der Panikgedanke „Hilfe, morgen muss ich doch ausgeschlafen sein!" wirkt auch nicht gerade entspannend.

Es gibt viele Gründe, manchmal angenehme, meist eher unangenehme, warum wir uns schlaflos im Bett wälzen. Ich habe Dir hier eine Reihe von wirksamen Einschlafhilfen zusammengestellt und erkläre im Anschluss aus Selbststärkungssicht, wie sie funktionieren. Dadurch bekommst Du einen Schnellkurs im *Seelenbalancieren*.

Regel Nr. 1: Keine Panik!

Ich empfehle Dir, an zwei Stellen Druck rauszunehmen. Aus meinen Seminaren weiß ich, dass sie echte Denk- und Handlungsblockaden darstellen.

- Mach Dir keine Sorgen ums Fitsein am nächsten Tag. Das klappt schon, so schnell wirkt sich ein Schlafdefizit nicht aus. Der Körper holt sich den nötigen Schlaf normalerweise in der folgenden Nacht.
- In ein anderes Zimmer auszuwandern, hoffentlich auf ein gutes Schlafsofa, ist kein Zeichen für eine zerrüttete Beziehung. Eher schon hilft es, Beziehungen zu erhalten … Genehmige Dir einen räumlichen

Abstand zum Menschen neben Dir, der netterweise versucht, mit lauten Geräuschen die wilden Tiere zu vertreiben. Und falls das Auswandern nicht möglich ist: Ohrstöpsel sind auch eine prima Lösung, an die man sich gut gewöhnen kann. Vielleicht nutzt Du den anderen Raum, um ungestört und unstörend zu lesen, bis Du richtig müde bist, oder um Dir Notizen zu den kreativen Ideen, die Dir gerade in den Sinn kommen, zu machen. Dadurch den Kopf zu leeren und die Gewissheit zu haben, auf dem Zettel geht nichts verloren, erleichtert oft schon den Weg in den Schlaf.

Raus aus dem Gedankenkarussell: STOP
Viele Menschen sind nachts mit einem „Gedankenkarussell" beschäftigt, aus dem sie nur schwer aussteigen können. Ich habe gelernt, wie man sich da raushelfen kann, und gebe das gern weiter:

*   Setze Dir selbst ein STOP-Schild, wenn Du merkst, dass Du dabei bist, immer dieselben, meist destruktiven Gedanken zu wälzen.
*   Gehe dann Schritt für Schritt rückwärts mit der Frage „Und was hat diesen Gedanken ausgelöst? Und was den davor?" So ähnlich, wie wenn Du am Computer in einem Schreibprogramm die Rückgängig-Taste benutzen würdest.

„Mein Abendlicht"
Stell Dir einen der schönsten Sonnenuntergänge vor, die Du bisher erlebt hast. Welche Farben haben Dir besonders gefallen? Und nun schickst Du intensive gelb-orange-rote oder lila-rosa Töne in alle Bereiche des Körpers. Du füllst Dich bis in die letzten Zellen, von der Kopfhaut bis zu den Zehenspitzen, mit wunderbarem Abendlicht an …

„Mein Einschlaf-ABC"

Konzentriere Dich darauf, anhand der Buchstaben des ABCs Dinge, Gefühle oder Menschen zu benennen, die Du magst. Das könnte beispielsweise leckeres Essen und Trinken sein. In meinem Fall: „Apfelmus ... Butterbrezen ... Cappuccino ..."

„Mein Wolkenbett"

Leg Dich bequem hin. Stell Dir vor, Du liegst auf einer Wolke – oder auf Moos oder Sand; irgendetwas weich Federndem, das Dir angenehm ist. Mit jedem Ausatmen meinst Du schwerer zu werden. Du fühlst Dich geschützt, und das Einsinken ist schööön ...

Wie Einschlafhilfen wirken

Zu erholsamem, kraftspendenden Schlaf kommen wir über Ent-Spannung, angenehme Gedanken und gute Gefühle – statt uns mit dem jeweiligen Gegenteil rumzuquälen. Leicht gesagt – aber wie gelingt uns das? Wie immer beim *Seelenbalancieren* können wir das über Gedankenkraft und/oder den Körper erreichen. Beides findest Du bei meinen Vorschlägen für Einschlafhilfen:

Bei meiner „Regel Nr. 1: Keine Panik!" habe ich Dir einen kräfteschonenden Weg gezeigt, um die Welt entspannter zu sehen: das Umdeuten oder „Reframing". Schnarchen als „Vertreiben von wilden Tieren" zu interpretieren und ungeplante Zeit zum Lesen zu genießen, sind zwei Beispiele. Den Dingen bewusst einen neuen gedanklichen Rahmen („frame" heißt auf Englisch u. a. Bilderrahmen) und damit einen positiven Sinn zu geben, ist eine meiner Lieblingsmethoden, um sich in innere Balance zu bringen.

Beim Gedanken-STOP-Schild und der „Rückgängig"-Taste setzen wir eine andere Methode ein: das Verschieben der Aufmerksamkeit („Focus shift"). Damit bringst Du Deine Gedanken – und damit Gefühle – weg vom Belastenden. Das kennst Du auch vom klassischen Schäfchenzählen. Allerdings ist das reine Zählen oder auch Rechnen komplizierter Aufgaben vielen Menschen zu öde; und ihre Gedanken flattern sehr bald zurück zum Belastenden oder Aufregenden.

Darum kombiniere ich das Gedankensteuern mit dem sogenannten Emotionalen Gedächtnis. Das ist der Teil des Gehirns, der Wahrnehmungen über die Sinne mit Erinnerungen abgleicht und beim Resultat „positiv, angenehm, keine Gefahr" Glückshormone und Entspannungsreaktionen auslöst. Dies setzten wir beim „Abendlicht" und beim „Einschlaf-ABC" ein. Wir tun es in Gedanken und schaffen uns damit kleine, ganz individuelle Fantasiereisen. Der Mechanismus funktioniert jedoch auch direkt über die Sinne, wenn Du beispielsweise warme Milch trinkst – vielleicht war das ein Einschlafmittel in Deiner Kindheit – oder an Lavendelöl schnupperst. Beides hat körperlich wirksame Stoffe, die schlaffördernd wirken. Beides muss man aber auch wirklich mögen, sonst kann es ins Gegenteil umschlagen. Dagegen ist der Trick bei meinen beiden Einschlafmethoden, dass Du Dir selbst ausmalst, was Dir gut tut. Damit bist Du auf der sicheren Seite – die garantiert zu angenehmen Gefühlen führt.

Der vierte Selbststärkungsweg, den wir beim „Wolkenbett" wählen, ist das Bodyfeedback. Von diesem faszinierenden Mechanismus berichte ich beim *Seelenbalancieren* ebenfalls regelmäßig, u. a. anhand der Themen „Lächeln" und „aufrechte Haltung". In aller Kürze gesagt: Unser Gehirn liest unseren Körper. Wenn wir unserem Gehirn also körperliche Entspannung zeigen, löst es Hormone aus, die das Wohlbefinden verstärken. Tiefes Atmen ist so ein Körperverhalten. Da viele von uns westlichen Menschen, die wir nicht mit Yoga oder Qigong aufgewachsen sind, Probleme mit reinen Atemübungen haben, wähle ich beim „Wolkenbett" einen Umweg über gedankliche Selbstbeeinflussung oder „Autosuggestion". Das Ausatmen kombiniert mit dem Schweregefühl führt so ähnlich wie Autogenes Training („Mein rechter Arm ist ganz schwer") zu Entspannung. Und die wiederum lässt uns leichter einschlafen. Ziel erreicht.

Ich wünsche Dir gute Nächte und angenehme Träume!

 Mit welchen Einschlafhilfen und -tricks hast Du gute Erfahrungen?

 „Niente panico": Fünf Kraftsätze, die Dir helfen, Deinen eigenen Perfektionismus abzuschwächen und das Leben mehr zu genießen, S. 162
Das tägliche Brot der Seele: Schlafen als Kraftquelle, S. 194

 Mit Erinnerungsposter zu den Einschlafhilfen: www.seelenbalancieren.de/ec8d

MGLG: selbstfür(mich)sorgliche Erinnerungshilfe an kleine Auszeiten im Alltag

Kleine Auszeiten … ein schönes Thema! Schon der Blick auf dieses Bild der Buchlampe, die ich vor ein paar Jahren mal auf der Frankfurter Buchmesse entdeckt habe, wirkt auf mich entspannend. Daher habe ich einen Ausdruck davon an der Pinnwand über meinem Schreibtisch.

MGLG? Das habe ich als Kreuzung aus den Abkürzungen „mfG" (mit freundlichen Grüßen) und „glG" (ganz liebe Grüße) erfunden. Es soll heißen „mit ganz lieben Grüßen" – und zwar an mich selbst.
Zugleich ist es meine selbstfürsorgliche Vierbuchstaben-Erinnerungshilfe an vier meiner Lieblingstätigkeiten, die mir schon guttun, wenn ich sie – nach hinten ausbaufähig – nur wenige Minuten lang ausführe. Ich kann sie also in meine vielen anderen Aufgaben/Vorhaben einschieben und profitiere von diesen kleinen Auszeiten. Ich muss mich selbst aber irgendwie daran erinnern. Also …

Du weißt ja vielleicht, wie sehr ich Erinnerungshilfen liebe. Ich habe Dir hier schon mehrere vorgestellt: die Einschlafhilfen mit einem herunterladbaren kleinen Poster, die handgeletterten Vergissmeinnicht-Zettel als Ordnungserinnerungen.
Meine ganz persönlichen vier Erinnerungsbuchstaben MGLG bedeuten **M**editation – **G**itarre – **L**esen – **G**ymnastik. Alle vier machen mich glücklich!

Meditation: Das kann eine Fantasiereise sein, ein „Inneres Lächeln",
das ich in alle Körperecken schicke, ein Podcastbeitrag mit einer der
wunderbaren angeleiteten kleinen Meditationen meiner geschätzten
Coachkollegin Ivana Drobek (*www.ivanadrobek.com*), eine Übung wie
der „Entspannungsmuff" oder eine kleine Hand-/Fuß-/Gesichtsmas-
sage. Ja, eine Selbstmassage kann durchaus meditative Wirkung haben,
wenn sie achtsam ausgeführt wird!

Gitarre: Das Gitarrespielen habe ich mit meinem Sohn vor einigen Jahren angefangen mitzulernen; er hatte Unterricht, ich habe mitgeübt.
Nach längerer Pause habe ich nun wieder ein bisschen angefangen.
Wir haben gut spielbare Noten von Songs, die ich liebe, z. B. „Hey
there Delilah" und „Lemon Tree". Macht mir so viel Freude!

Lesen: Klar lese ich jeden Tag richtig viel, u. a. die Süddeutsche Zeitung
und vor dem Einschlafen in einem Roman oder Krimi. Ich bin ein
Buchmensch und kann mir einen Tag ohne Lesen gar nicht vorstellen.
Aber das tagsüber (!) auf dem Sofa oder Balkon Krimilesen ist für mich
der richtige Entspannungskick, weil es sich so nach Urlaub anfühlt.

Gymnastik/sanfte Bewegung: Darunter fasse ich auch Qigong und
Stretching. Wenn ich Viel-zu-viel-am-Schreibtisch-Sitzende mich be-
wege, tut mir das nicht nur am Körper gut, sondern auch meinem
Seelenleben und meinem Gehirn.

Und was mache ich nun mit den Buchstaben MGLG? Ich sammle sie
und beim Einschlafen überlege ich mir, welche Wohltaten aus dem
bunten Strauß ich mir im Laufe des Tages gegönnt habe. Das wirkt
dann angenehm entspannend.

Witzigerweise finde ich alle Aspekte auf meiner Jahreszielcollage „Rosige Zeiten" wieder. Unter anderem steht da „wieder mehr lesen".

Hmm … Nichtstun ist auch prima, so hin und wieder ein paar Minuten lang … Vielleicht sollte ich noch die vier Buchstaben MGLG um ein N ergänzen? „Mit ganz lieben netten Grüßen an mich selbst"?

 Wie lauten Deine Erinnerungsbuchstaben für kleine wohltuende Auszeiten? Und wofür stehen sie? Findest Du vielleicht auch eine „Übersetzung" dafür?

 Ablagechaos, S. 96
Brombeeren, Rosen und Lavendel: Entspannung und Kraft tanken im Fantasiegarten, S. 151
Fällt herab kein Träumelein: Einschlafhilfen und wie sie wirken, S. 204
Vergissmeinnicht: Mit kleinen Schritten und Erinnerungshilfen aus dem Entspannungsmuff (Atemübung für warme Hände), S. 234

 www.seelenbalancieren.de/gjf9

Tief durchatmen statt Schnappatmung oder Alles zu seiner Zeit

Ui, bin ich froh zu sehen, was sich alles zum Guten weiterent- wickelt hat! Und wie sich die Themen, die gerade anstehen, immer wieder verändern …

„Ein jedes Ding hat seine Zeit."
(William Shakespeare, Komödie der Irrungen)
(Steht aber auch schon in der Bibel: Der Prediger Salomo,
Kap. 3, Vers 1. Und schau Dir mal den Text des 60er-Jahre-Songs
„Turn! Turn! Turn!", bekannt geworden durch The Byrds, an …)

Derzeit kann ich mein eigenes Seelenbalancieren-Instrumentarium wieder mal besonders gut brauchen: Mein Tag bräuchte deutlich mehr als 24 Stunden, um alles, was ich gern tun möchte oder was mich be- ansprucht, gleichzeitig hinzukriegen … Der Klassiker halt, das echte Leben: eine Mischung aus Beruf und Privatem, Gesundheit und aufre- genden Plänen … Du kennst das garantiert.

Unter anderem habe ich
* intensive Zeiten in meinem Hauptjob und, ganz ehrlich, ein bisschen Lampenfieber, weil ich im Münchner Stadtrat unser endlich fertiges Langzeitwerk präsentieren darf/soll.
* Stapel von Unterlagen und Zeitungen, die abgelegt bzw. durchgesehen werden wollen, weil ich in viel unterwegs war – was teilweise auch nicht ganz stressfrei von sich ging: mehrere Ganztagsveranstaltungen (teil- weise eigene Fortbildung, teilweise Einsatz als Moderatorin u.ä.) und

ein langes Wochenende bei unseren Herkunftsfamilien in anderen
Ecken Bayerns mit langen Fahrten und vieeelen Besuchen.

- einen Online-Kurs, in dem ich lerne, wie ich für BALANCE, also
auch meinen Blog, Videos mit mir mache – was viel technisches Neu-
land und eine Reihe von Kaufentscheidungen, sprich viel Recherche,
von mir fordert.
- einen Sohn, für den ich bis vor ein paar Tagen wegen der Osterferien
mehr Zeit aufbringen wollte als sonst im Alltag (ha, ich lerne gerade
von ihm Pokern – öfter mal was Neues!).
- noch mit den letzten Nachwirkungen des Hustens zu tun, der mich
über die Osterfeiertage zur Ruhe gezwungen hat.
- sprudelnde Ideen für meinen geplanten eigenen ersten Online-Kurs,
die ich nachvollziehbar festhalten möchte.
- anstehende Vor- und Nacharbeiten für Coachings und Seminare.
- den Anspruch an mich selbst, für meine KundInnen und LeserInnen
auf meinem Blog kontinuierlich guten „Content", wie es neudeutsch
heißt, zu bieten; also gehaltvolle Inhalte: Ich möchte bald weitere hilfreiche ANNA-Wundersätze gestalten und Kritzelfilmchen daraus machen; x Aufsätze warten darauf, endlich ausformuliert zu werden. ...
- etc. etc.

Hi-Hi-Hilfe! Glaub mir, ich kenne Nacken-/Rückenverspannungen,
ein dünnes Nervenkostüm und Schnappatmung, oh ja ... Aber ich
kann mir immer besser helfen; darüber bin ich sehr froh.

Glücklicherweise habe ich liebe Menschen, die im Gespräch vieles
relativieren, was sich für mich zunächst bedrohlich anfühlt. Und ich
setze meine Selbststärkungsmethoden ein, beispielsweise so:
- Wenn ich merke, dass ich nervös und etwas kopflos werde, atme ich
als erstes tief durch. Dann mache ich, wenn ich es irgendwie räumlich

machen kann, ein paar Qigongübungen. Die wirken sowohl entspannend als auch angenehm belebend auf mich.
*   Ich halte mir den Gedanken „Alles zu seiner Zeit!" vor Augen. Mein Blog hat im Moment halt nicht die allererste Priorität. Außerdem bin ich ja gar nicht untätig, sondern präsentiere Dir auf *www.seelenbalancieren.de* jeden Montag den Impuls der Woche und an jedem Ersten den Monatsimpuls. Und in der Mitte jedes Monats schreibe ich meinen Nachrichtenbrief.
*   Badewanne und Sauna (samt Schläfchen im Ruheraum) wirken bei mir immer wohltuend.
*   Zu guter Letzt: Mich beruhigen und entzücken Fotos zu Beginn des Kapitels wie die fränkischen Apfelblüten. Sie anzusehen und mich dabei ein bisschen wegzuträumen in meinen Fantasiegarten bringt mich wahrlich in gute Gefühle.

Somit habe ich wieder meinen klassischen *Seelenbalancieren*-Methoden-Dreiklang: innere Balance über den Körper (atmen, Qigong, Schlaf), die Gedanken („alles zu seiner Zeit", Fantasiegarten) und die Sinne (Badewanne, Sauna, das Foto)!

 Wie hilfst Du Dir an stressigen Tagen?

 MGLG: selbstfür(mich)sorgliche Erinnerungshilfe an kleine Auszeiten im Alltag, S. 209
Brombeeren, Rosen und Lavendel: Entspannung und Kraft tanken im Fantasiegarten, S. 151
ANNAs dritter wirksamer Wundersatz für innere Balance: Atmen, S. 77
ANNAs neunter wirksamer Wundersatz für innere Balance: Achtsamer Genuss, S. 237

 www.seelenbalancieren.de/fz36

Ein Elfchen-Lob der Hängematte

*Ich liebe Hängematten! Ein Teil
dieses Buches wurde sogar in einer Urlaubshängematte ge-
schrieben. Beim Original-Blogbeitrag zeige ich Dir eine
Fotocollage mit bunten Exem-
plaren aus Oberbayern, Italien
und Frankreich.*

Zum Tag der Hängematte am 22. Juli möchte ich mal wieder voller Begeisterung ein Loblied auf meinen geliebten schwingenden Kraftort
singen:

*Hängematte
geliebter Kokon
wiegst mich sanft
schaukeln, lesen, dösen, träumen
Entspannungsinsel*

 Hast auch Du eine innige Beziehung zu Hängematten? Oder ein
Elfchen über DEINEN ganz speziellen Sommer-Kraftort?

 Federleicht hingetupft: Anleitung zum entspannenden Elfchen-Schreiben (mit
Elfchen-Elfchen), S. 23
Elfchen „Unterm Lieblingsbaum", S. 51

 www.seelenbalancieren.de/io2u

ANNAs achter wirksamer Wundersatz für innere Balance: Gut genug

Menschen, die sich selbst unter hohen Leistungsdruck setzen und deren Innerer Perfektionismus-Antreiber sehr aktiv ist, hilft dieser Satz, etwas lockerer zu lassen. Verbinde ein mit fester Stimme ausgesprochenes „das ist gut genug!" am besten mit einem tiefen Atemzug. Das wirkt dann als Sofortentspannung und erleichtert Dir das Loslassen. Lass ihn ziehen, den Ballon … „Passt scho", wie man in Bayern sagt.

„Gut genug!" ist einer der fünf Kraftsätze gegen den eigenen Perfektionismus, die ANNA und ich Dir im Beitrag „Niente panico" empfehlen. Denn wer sich nicht gut genug davon abgrenzt, begibt sich in Burnout-Gefahr!

Die Haltung „gut genug statt perfekt" solltest Du bitte nicht als Aufruf zum Schlendrian missverstehen! Nein, der Wundersatz ist ein Appell, alles etwas gelassener und weniger verbissen anzugehen. Du kannst ihn in sämtlichen Lebensbereichen anwenden, vom Arbeitsprojekt über das saubere Bad bis zur Kindererziehung, aus deren Bereich der Begriff („a good enough mother") übrigens stammt.

What a difference a word makes ..., S. 141
„Niente panico": Fünf Kraftsätze, die Dir helfen, Deinen eigenen Perfektionismus abzuschwächen und das Leben mehr zu genießen, S. 162
ANNAs dritter wirksamer Wundersatz für innere Balance: Atmen, S. 77

 www.seelenbalancieren.de/v3n7

Ohren-
schmaus
und
warme
Hände

Tee: „A hug in a mug"

Ich liebe Smileys! Diese lebens-
froh sonnengelbe Tasse nutze ich
tatsächlich täglich.

 Genuss über die Sinne, der zu kleinen achtsamen Pausen ein-
lädt: "Was sehe, rieche, schmecke, fühle ich?"

Tee wärmt mir Körper und Seele und das zu jeder Tageszeit: Morgens
trinke ich gern aromatisierten Grüntee, vormittags Darjeeling, nach-
mittags Kräutertee und abends aromatisierten Rooibusch. „A hug in a
mug": eine „Umarmung im Becher", die ich sehr empfehlen kann.
Und als Gute-Laune-Schubs habe ich meine geliebte Smileytasse.

 Meine neue Smiley-Fahrradklingel oder Was Lächeln mit Selbststärkung zu
tun hat, S. 222
Meine achtsame Cappuccino- und Butterbrezenpause, S. 227

 www.seelenbalancieren.de/i3l4

Achtsames Wolkengucken

Eine meiner Lieblings-Achtsam-keitsübungen: Schon als Kind bin ich gern auf dem Rücken in einer Wiese gelegen und habe mir zu den Wolkenformationen Geschichten ausgedacht. Du auch?

Kleine entspannende Alltagsmeditation für zwischendurch (Blick aus dem Bürofenster? Mittagspause?): mal wieder bewusst Wolken wahrnehmen und darin Gesichter, Wesen, Dinge etc. entdecken. Macht Spaß und tut gut – bei minimalem Aufwand!

Bunte kleine Arbeitspausen: Tipps zum Auftanken in Mini-Einheiten, S. 199
MGLG: selbstfür(mich)sorgliche Erinnerungshilfe an kleine Auszeiten im Alltag, S. 209

www.seelenbalancieren.de/ceh8

Meine neue Smiley-Fahrradklingel oder
Was Lächeln mit Selbststärkung zu tun hat

Lächeln – eines meiner Lieb-
lingsthemen (nicht nur) der
Selbststärkung.

Wunderbar – ich hab sie nicht gesucht, aber gefunden: meine neue,
perfekt zu meinem Fahrrad und mir passende Klingel. (Die alte hat eh
schon geschwächelt.) Der Smiley wird mir jeden Tag bereits morgens,
beim Radeln ins Büro, zu guter Laune verhelfen. Nur – wie funktioniert das eigentlich?

Faszinierend: Er besteht nur aus zwei Punkten und einem Bogen –
dennoch kann sich der Wirkung von Smileys kaum jemand entziehen.
In meinen Selbststärkungsseminaren sehen wir immer schön, wie ein
herumgegebenes Bild eines runden gelben Smileys die Mundwinkel
nach oben bewegt. Das funktioniert angeboren wie ein Antwortlächeln
und so ähnlich wie das Kindchenschema, also wenn der Kopf eines
Tierjungen oder das Gesicht eines Babys bei uns ein „so süß" entlo-
cken und Beschützergefühle hervorrufen.

Hier das passende Zitat, das ich mal auf einem Teebeutelzettel in Neu-
england entdeckt habe; ich finde, da steckt viel Wahrheit drin:

A smile is a curve that sets many things straight.
(Ein Lächeln ist eine Kurve, die viele Dinge gerade rückt.)

Der Clou ist, dass über den tollen Mechanismus „Bodyfeedback" nicht
nur wir an anderen wohlwollend wahrnehmen, dass es ihnen offenbar
gut geht, weil sie lächeln – sondern unser Gehirn das auch bei uns
selbst so interpretiert. Wenn wir lächeln (und sei es mechanisch!), werden Entspannungssignale und Wohlfühlhormone ausgelöst! Soo stressig kann es wohl gerade nicht sein, meint das Gehirn … Guter Trick:
Genau damit helfen wir uns aus dem Stress raus!

Diese Wirkung können wir uns also prima und ganz leicht zur
Selbststärkung zunutze machen, wenn wir uns aktiv selbst in gute
Gefühle bringen möchten: Entweder schaffen wir es, die Mundwinkel mindestens eine Minute hochzuziehen und/oder uns im Spiegel
anzulächeln oder – mein bevorzugter Weg – uns mit Muntermachern
ganz direkt zum Lächeln zu bringen. Und DA kommen die Smileys
ins Spiel.

Ich nutze sie gern als Emoticon in Mails und auf dem Blog, um bei mir
und anderen für angenehme Gefühle zu sorgen und positive Stim-
mung zu signalisieren. (Wobei ich mich auf zwei Lachvarianten be-
schränke: „lächelnd" und „zwinkernd". Mehr brauche ich nicht.) Auf
meiner Lieblingsteetasse lächelt mich schon am Morgen einer an.
Einen Smiley als vergängliches kleines Naturkunstwerk zu schaffen,
geht je nach Jahreszeit prima im Schnee, mit Blüten, am Sandstrand,
mit Äpfeln unterm Baum … Sei kreativ und tut Dir damit Gutes!

Auch kleine Erinnerungszettel mit einem Smiley am Spiegel, an der
Pinnwand, in der Geldbörse oder am Bildschirm sind wirkungsvoll!

Eine Rezensentin zu meinem Buch „Ich wünsche mir Gelassenheit"
hat ihre guten Erfahrungen aufgrund meines dortigen Tipps erwähnt:
„Der Smiley – ich sehe ihn mir einen Moment lang an, wenn mir so
gar nicht nach Lachen zumute ist. Und schon muss ich doch etwas
grinsen. Der Smiley wird auf meine Schreibtischunterlage gemalt!"

 Wie bringst Du Dich zum Lächeln?

 Tee: „A hug in a mug", S. 220
ANNAs dritter wirksamer Wundersatz für innere Balance: Atmen, S. 77
ANNAs fünfter wirksamer Wundersatz für innere Balance: Aufrecht,
S. 132

 www.seelenbalancieren.de/le7s

Mit der Nase in gute Gefühle

Neulich habe ich ganz bewusst eine Schnuppertour über den Markt und dann quer durch meine Küche (Obstkorb, Kühlschrank, Gewürzregal ...) gemacht. Eine super Erfahrung, bei der ich meine Umgebung neu entdeckt habe!

Die fünf Sinne zu nutzen, um sich in gute Gefühle zu bringen, ist eine ebenso schlichte wie wirksame Selbststärkungsmethode. Neben dem Sehen, Schmecken, Tasten und Hören ist das Riechen wunderbar geeignet, um über alte Erinnerungen – in diesem Zusammenhang bitte angenehme, positive –, die im sogenannten „Emotionalen Gedächtnis" gespeichert sind, eine Wohlfühlreaktion, im besten Fall Glücksgefühle, auszulösen. Guter Trick, oder?

Was als angenehm empfunden wird, ist individuell vollkommen unterschiedlich. Derselbe Geruch kann bei zwei Menschen unangenehme oder angenehme Erinnerungen und entsprechende Gefühle auslösen. Darum ist es auch extrem schwierig und riskant, für jemand anderen ein Parfum auszusuchen! „Des einen Duft, des anderen Gestank", wenn man Pech hat ...

Drei kleine persönliche Geschichten von mir dazu: Ich liebe den Duft echter Rosen, aber eben nur dort, nicht als Raum- oder Kosmetikduft. – Beim Heimfahren von der Provence ist mir mal ein Lavendelölfläschchen im Kofferraum zerbrochen. Ich konnte jahrelang den Geruch von Lavendel nicht ertragen, den ich zuvor sehr mochte (und inzwischen wieder mag). – Ich habe (als Teilnehmerin bei einer

Veranstaltung, nicht speziell für mich ausgesucht) tatsächlich ein Parfum geschenkt bekommen. Leider „schmeckt" es mir nicht …

Kindheitserinnerungen durch Düfte werden oft als besonders tröstlich und genussvoll empfunden. Typisches Beispiel: Zimt wird oft mit Weihnachten, Backen und „Oma hat Zeit für mich" verbunden. Ähnlich funktioniert es über die anderen Sinne, wie ich Dir am Beispiel des Butterbrotes als Seelenfutter erzählte.
Im Einzelfall kann dann sogar Motoröl über den Umweg der Kindheitserinnerungen angenehme Gefühle auslösen: Wie die Wissenschaft diesen Effekt von Gerüchen zur Linderung von Depressionen einsetzt, stand in einem interessanten Artikel der Süddeutschen Zeitung: „Wie man sich gesund riechen kann." [Den Link dorthin findest Du beim Orginal-Blogbeitrag].

 Schnuppere Dich doch mal bewusst durch Deine Umgebung: Wohnung, Büro, Balkon, Garten, Park, Wald … Ich wünsche Dir angenehme Düfte und gute Gefühle!

 Brombeeren, Rosen und Lavendel: Entspannung und Kraft tanken im Fantasiegarten, S. 151
Warum Butterbrot Seelenfutter sein kann, S. 229

 www.seelenbalancieren.de/7yev

Meine achtsame Cappuccino- und Butterbrezenpause

Meine Kolleginnen können meine Genuss- und Pausengewohnheiten – samt Thermobecher – bestätigen ...

„Dichtung & Wahrheit": Ja, ich trinke neben meinem täglichen Tee ein paarmal pro Woche gern Cappuccino. Die achtsame Cappuccinopause, die ich in meinem Buch „Ich wünsche mir Gelassenheit. Ein Balancierkurs für die Seele" beschreibe, zelebriere ich tatsächlich; daheim und auch im Büro. Mit Thermobecher, einem Stückchen dunkle Schokolade oder einer meiner geliebten knusprigen Butterbrezen, gekauft bei den nettesten Brezenverkäuferinnen der Welt. Zum Glück ist alles auf sehr kurzem Weg (Treppenfitnesstraining!) und sogar in Bio-Qualität erreichbar.

Und dann anschauen / riechen / hören (Milchschaumbläschenknistern, Krustenknusper!) / schmecken / spüren – hmmm ... – genießen!

Welche genussvollen Pausenrituale hast Du? Welche davon sind weder gesundheits- noch umweltschädigend?

Bunte kleine Arbeitspausen: Tipps zum Auftanken in Mini-Einheiten, S. 199
Tee: „A hug in a mug", S. 220
ANNAs neunter wirksamer Wundersatz für innere Balance: Achtsamer Genuss, S. 238

www.seelenbalancieren.de/d41e

Ganz genau hinschauen

Hier kannst Du mal gedanklich eine Lupe verwenden, um Details zu entdecken.

Eine einfache, kleine Achtsamkeitsübung für den Alltag mit Entspannungsgarantie: einen Gegenstand oder einen Pflanzenteil nehmen und ihn sich bewusst eine Zeitlang ganz genau anschauen. Das kann beispielsweise ein Geldschein (hochspannend, was es da zu entdecken gibt!), ein Kugelschreiber oder auch eine Blume in der Vase sein.

 „Was sehe ich, wenn ich ganz genau hinschaue? Wie sind die Form, die Oberfläche, Farbverläufe, Schattierungen, Teilbereiche, … beschaffen? Wie fühle ich mich nach meiner Entdeckungsreise?“

 Wundersames und Wunderbares entdecken, S. 19

 www.seelenbalancieren.de/s27w

Warum Butterbrot Seelenfutter sein kann

*Auf dem Foto finden sich
gleich mehrere meiner Sinnesvorlieben …*

Es gibt ein paar extrem schlichte Speisen, die ich liebe, wie Grießbrei mit Sirup, Kartoffeln mit Quark und das gute alte Butterbrot. Hier leckeres Weißbrot vom Biobäcker meines Vertrauens, darauf aus dem Urlaub mitgebrachte Salzbutter und frischer Rucola. Der wächst gerade auf meinem kleinen Balkon aus den Samen des Vorjahres.
Dass bestimmte Lebensmittel uns über Nase, Auge und Zunge sofort in gute Gefühle bringen, liegt am „Emotionalen Gedächtnis". Wir nehmen über die Sinne einen Reiz wahr, den das Gehirn sofort bewertet. „Gut" bedeutet „angenehm, positiv, Entspannungsreaktion und Wohlgefühl auslösen", „schlecht" führt entsprechend zu einer Stressreaktion. Daher sind gerade die ganz einfachen Mahlzeiten aus der Kindheit oft solche Seelenschmeichler. So funktioniert auch der „Schokolade macht glücklich"-Effekt.

 Welche schlichten Genüsse sind Dein Seelenfutter für Wohlgefühl?

 Meine achtsame Cappuccino- und Butterbrezenpause, S. 227
Schokolade und Seelenbalancieren, S. 236

 www.seelenbalancieren.de/83qu

Fußschmeichler (mit Übung „Strandfüße")

Allein schon dieses Moosbild an-
zusehen, löst bei mir ein ange-
nehm entspanntes Kribbeln an
den Fußsohlen aus. Geht es Dir
genauso?

In unserer „Sommerfrische" am Rand der bayerisch-österreichischen Berge hatte ich dank der Witterung ein paar Tage lang das Glück, im Garten auf feucht vollgesogenem, federndem Moos fußfreundliche Mini-Achtsamkeitsspaziergänge und Qigongübungen machen zu können. Wunderbar! Wie unsere Hände sind auch unsere Füße sehr empfänglich für Tastreize, mit denen wir uns wohltun können.
Also: Wohlfühlgrüße an die Füße!

 „Was mögen meine Füße spüren? Welche Materialien und Berüh-
rungen schmeicheln ihnen? Was nehme ich wahr, wenn ich barfuß
über unterschiedliche Böden gehe?"

Du kennst doch sicherlich das Gefühl, mit den Füßen im feuchten Sand zu versinken, oder? Es ist hoffentlich mit schönen Erinnerungen an Strand, Freizeit und Ferien verbunden, vielleicht schon seit Deiner Kindheit. Genau diese Erinnerungen kannst Du für eine kleine entspannende Achtsamkeits-, Balancier- und Körperwahrnehmungsübung einsetzen – ganz ohne Sand (und tatsächlich wunderbar auf Moos, allerdings auch auf jedem Wohnungsboden wie Teppich oder Parkett machbar):

Strandfüße

- *Stell Dich, am besten strumpfsockig oder barfuß, aufrecht auf angenehmem Boden hin.*
- *Die Beine sind hüftbreit geöffnet, die Füße stehen parallel, die Knie sind ganz leicht gebeugt.*
- *Verlagere nun langsam, mit der gedanklichen Vorstellung, Du seist in feuchtem Sand, Dein Gewicht in verschieden Richtungen und spür hin, was Deine Füße dabei Großartiges leisten: auf die rechten Fußkanten, auf die Fersen, auf die linken Fußkanten, auf die Fußballen, nach vorne und hinten im Wechsel, im Kreis in die eine und dann in die andere Richtung. Wie es Dir gefällt!*
- *Wackeln ist erlaubt, sogar erwünscht, und wird mit Lachen begrüßt, da sind wir ganz und gar nicht perfektionistisch.*

Interessant, dass wir normalerweise gar nicht mitbekommen, wie sehr alle Muskeln und Sehnen unserer Füße arbeiten, um uns im Gleichgewicht zu halten, gell?

 Tipp: Die „Strandfüße" sind auch eine unauffällig kleine Entspannungsübung, wenn Du in der Warteschlange stehst – dann natürlich mit Schuhen und nicht so wackel-betont.

Noch mehr anregende Tipps und Informationen erhalten Frauen, die ein besseres Verhältnis zu ihren Füßen bekommen und sich positiv mit ihrem Körpergefühl beschäftigen wollen, übrigens beim Blog „Draufgängerin" (*www.draufgaengerin.de*) von Birgit Faschinger-Reitsam, Münchner Tango-Tänzerin wie ich.

 Wann hast Du Dir zuletzt Gedanken darüber gemacht, was Deine Füße gern spüren? Und es ihnen gegönnt, z. B. eine Fußmassage?

„Niente panico": Fünf Kraftsätze, die Dir helfen, Deinen eigenen Perfektionismus abzuschwächen und das Leben mehr zu genießen, S. 162
Entspannungsmuff (Atemübung für warme Hände), S. 234

 www.seelenbalancieren.de/16gr, www.seelenbalancieren.de/2fyw

Ohrenschmaus

*Das Bild zeigt einen Votivaltar
im südfranzösischen antiken
Glanum bei Saint-Rémy-de-Provence, gewidmet der Göttin
Kybele, die gut zuhören konnte –
daher die Ohren. Ich zeige Dir
beim Thema „Alte Gewohnheiten" ein weiteres Foto von dort.*

 *„Was ist für mich ein wahrer Ohrenschmaus? Wem höre ich beson-
ders gern zu? Welche Geräusche tun mir gut?"*

 Mit der Nase in gute Gefühle, S. 225
Alte Gewohnheiten, S. 247

 www.seelenbalancieren.de/g35f

Entspannungsmuff (Atemübung für warme Hände)

Diese kleine Entspannungs-
übung kannst Du immer und
überall unauffällig machen.
Deine Hände und Deinen Atem
hast Du nämlich immer bei Dir,
wie praktisch.

In der Kalte-Hände- und Morgens-Handschuhe-beim-Radeln-Anzie-hen-Zeit, kannst Du vielleicht meine Entspannungsübung brauchen, die zu warmen Händen führt, den „Entspannungsmuff". Diesen Na-men habe ich ihr wegen der Haltung der Hände gegeben, die mich an einen altmodischen, wärmenden Muff, der vor dem Körper baumelt, erinnert:

- *Setze Dich in bequemer Haltung hin. Deine Oberschenkel soll-ten ca. einen 90 Grad-Winkel mit dem Rumpf bilden. Schließe die Augen, wenn Dir das angenehm ist.*
- *Lasse beide Hände wie zwei ineinander liegende Schalen be-quem auf Deinem Schoß ruhen.*
- *Kippe Deine Handflächen in Richtung Bauch und schiebe die Hände so übereinander, dass die eine Hand den Daumen der anderen locker wie einen Fahrradlenker umfassen kann.*
- *Die so verflochtenen Hände ruhen nun entspannt auf Deinem unteren Bauchbereich.*
- *Während Du einatmest, drückt die eine Hand den Daumen der anderen leicht über die ganze Phase des Einatmens hinweg.*
- *Während Du ausatmest, lockerst Du den Druck auf den Dau-men über die ganze Phase des Ausatmens hinweg.*

- *Lenke Deine Aufmerksamkeit immer wieder auf Deine Hände zurück. Lasse alle anderen Gedanken vorbeiziehen wie Wolken am Himmel.*
- *Wiederhole Einatmen-plus-sanft-Drücken und Ausatmen-plus-Lockern mehrere Male. Deine Atemzüge werden dabei vermutlich immer langsamer und tiefer.*
- *Beende das Daumendrücken, lasse die Hände noch auf dem Bauch und spüre hin, wie Du Dich fühlst.*

Falls Du nun warme Hände hast, hat der Muff bestens gewirkt! Das ist eines von mehreren möglichen Zeichen für Entspannung; weitere wären zum Beispiel ein klarerer Kopf, gedanklicher Abstand zu den anstehenden Themen, ein erhöhtes Gefühl von Gelassenheit. Wie so oft gilt auch hier: Mit Übung geht es immer besser.

Den „Entspannungsmuff" habe ich übrigens zuerst in meinem Selbststärkungsbuch „Ich wünsche mir Gelassenheit. Ein Balancierkurs für die Seele" beschrieben. Dort erkläre ich näher, wie und warum bewusstes Atmen und den Atem beobachten entspannend wirken und Dich aus dem Stress rausholen. Der Theoriebegriff ist „Bodyfeedback". Inzwischen wurde diese Übung vom Schreibcoach Gitte Härter (*www.schreibnudel.de*) auf meinen Vorschlag hin öffentlich auf ihre Verständlichkeit getestet. Und tatsächlich fand sie eine Unklarheit! Daraufhin – „FEHLER sind HELFER" – habe ich ein paar Sätze in der Anleitung ergänzt und Formulierungen konkretisiert, damit sie noch unmissverständlicher formuliert ist.

 What a difference a word makes …, S. 141
ANNAs zehnter wirksamer Wundersatz für innere Balance: Ent-Spannung, S. 251

 www.seelenbalancieren.de/b8ig

Schokolade und Seelenbalancieren

Frei nach Loriot: Ein Tag ohne dunkle Schokolade ist für mich möglich, aber nicht erstrebenswert. Daher habe ich zum 50. Geburtstag von lieben Menschen einen Pralinenkurs geschenkt bekommen. Das mich beglückende Ergebnis siehst Du auf dem Foto.

Die Pralinenmeisterin: *„Schokolade macht glücklich, wenn man überzeugt ist, dass sie das tut."*

Der Mann der Pralinenmeisterin: *„Tu dir Gutes, wenn es dir schlecht geht."*

Beim „Butterbrot/Seelenfutter"-Artikel kannst Du nachlesen, wie beides zusammenhängt und warum es funktioniert.

Meine achtsame Cappuccino- und Butterbrezenpause, S. 227
Warum Butterbrot Seelenfutter sein kann, S. 229

www.seelenbalancieren.de/chn2

Elfchen „Herbstfreuden"

Das Foto ist eine wehmütige Er-
innerung an den Wilden Wein,
der sich vom Nachbargrund-
stück aus lange Jahre an den
Wänden unseres Innenhofs aus-
breiten durfte. Leider musste er,
wie auch eine kleine Obstbaum-
wiese mitten in der Großstadt,
einem Neubau weichen. Hier
mein Herbstfreuden-Elfchen
dem Weinstock und den schönen
alten Kastanienbäumen im Bier-
garten auf dem anderen Nach-
bargrundstück (bzw. ihren
Früchten) zu Ehren:

Kastanien
geliebte Handschmeichler
Bavarian Indian Summer
bunte Blätter, raschelndes Laub
Herbstfreuden

 Was magst Du am Herbst so gern, dass Du ihm ein Elfchen-
Denkmal setzt?

 Federleicht hingetupft: Anleitung zum entspannenden Elfchen-Schreiben (mit
Elfchen-Elfchen), S. 23

 www.seelenbalancieren.de/swd1

ANNAs neunter wirksamer Wundersatz für innere Balance: Achtsamer Genuss

Menschen, die wenig selbstfürsorglich leben, bekommen durch diesen Satz eine vierfache Ermunterung: zu genießen, achtsam im Hier & Jetzt zu sein (wertfrei wahrnehmen, was ist!), dabei die fünf Sinne ein-zusetzen und sich selbst zu verwöhnen.

Dabei kannst Du einen großartigen Mechanismus Deines Gehirns nut-zen: Wenn Du schon einmal eine gute Erfahrung mit einem Sinnesein-druck gemacht hast, verhilft Dir Dein sogenanntes Emotionales Ge-dächtnis ultimativ schnell zu einer Entspannungsreaktion und zu guten Gefühlen: Sobald Du den Duft, den Klang etc. erneut wahr-nimmst, interpretiert es ihn als positiv und schüttet Wohlfühlhormone aus – sehr praktisch. Dir hilft als Orientierung die Frage: „Was höre / sehe / rieche / spüre / schmecke ich gern?"

Schon mit geringem Aufwand kannst Du damit beispielsweise mit einer schönen Tasse Tee oder Kaffee – bei mir ist es der Cappuccino – eine kleine entspannende Achtsamkeitspause im Alltag einlegen.

MGLG: selbstfür(mich)sorgliche Erinnerungshilfe an kleine Auszeiten im Alltag, S. 209

Tee: "A hug in a mug", S. 220

Meine achtsame Cappuccino- und Butterbrezenpause, S. 227

ANNAs zweiter wirksamer Wundersatz für innere Balance: Beste Freundin, S. 52

ANNAs zehnter wirksamer Wundersatz für innere Balance: Ent-Spannung, S. 251

 www.seelenbalancieren.de/51ji

Alltags-
allerlei

Gar nicht profan:
Alltagstätigkeiten verschönern tut gut!

Im ergänzenden Beitrag „Ver-
gissmeinnicht" zeige ich Dir, wie
ich mir ebenfalls mit Handlette-
ring auf nette Art aus dem
schnöden Zettel- und Ablage-
chaos helfe.

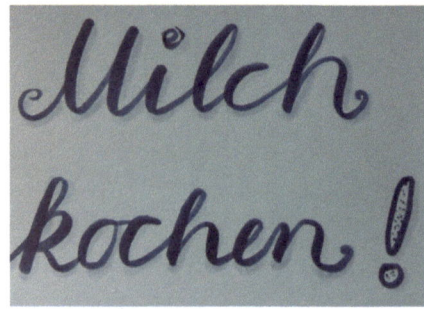

Alltagstätigkeiten verschönern tut gut ... und das geht mit minimalem
Aufwand! Hier mein aktuelles Beispiel:
Ich brauche einen Erinnerungszettel, den ich mir alle drei Tage in die
Küche lege, um am Abend nicht zu vergessen, Milch fürs Joghurtma-
chen zu kochen.
Mein alter: schnell hingeschrieben auf Papier, dessen Farbe mir nicht
einmal gefällt, inzwischen zerfleddert ... Mein neuer: siehe Foto. Ungelogen - damit machen mir das Drandenken und auch das Milch-
kochen mehr Spaß!

Eine meiner Freundinnen lernt ebenfalls Handlettering (also schöne
Buchstaben zeichnen), weil sie mehr „Schönheit in den Alltag" bringen
will: mit lieben Botschaften für ihre Familienangehörigen, aber auch
für Einkaufszettel. Das hat mich sehr beeindruckt. Mein erstes Anliegen, einen Handlettering-Kurs mitzumachen, war nämlich „nur", meinen Blog persönlicher aufzupeppen (*www.seelenbalancieren.de/2xmt*).
Nun macht es auch mir Freude, meinen Alltag bewusst mit solchen
Kleinigkeiten zu verschönern!

Das ist ein Tipp, den ich hiermit voll Freude an Dich weitergebe. Es muss ja nicht unbedingt das Handgeletterte sein. Es gibt noch viel mehr Möglichkeiten!

 Wie verschönerst Du Dir Alltagstätigkeiten, sodass sie Dir mehr Freude machen?

 Genuss-Putzen statt Muss-Putzen: Gelassenheitstipps rund um den Haushalt, S. 93
Vergissmeinnicht: Mit kleinen Schritten und Erinnerungshilfen aus dem Ablagechaos, S. 96

 www.seelenbalancieren.de/xbe9

Entwicklung

Ich liebe nicht nur duftende Rosen (von denen Du hier im Buch
ja einige findest), sondern auch
Pfingstrosen! Ihre Blüten sind
für mich ein wunderbares Symbol für Entfaltung und Entwicklung.
Beide Wörter verdienen einen
zweiten Blick: Ent-Faltung, Ent-
Wicklung ...

 „Was hat sich in meinem Leben in letzter Zeit richtig gut entwickelt?"

 Flieder statt Pfingstrosen, S. 143
Baustellen, S. 248

 www.seelenbalancieren.de/r9lw

Wohltuende Rituale

Den Stammtisch mit dem hüb-
schen handgeschriebenen Schild
habe ich im wunderbaren histo-
rischen Landgasthof Waller in
Reisach am Inn, direkt an der
bayerisch-österreichischen
Grenze, gefunden.

Ob der Stammtisch mit netten Leuten oder der Jeden-Sonntag-Bade-
wannengenuss: Wiederkehrende, zuverlässige Rituale geben uns Stabilität und Sicherheit. Sicherheit entspannt. Entspannung verhilft uns zu
klarem Kopf und Kreativität. Seelenbalancieren auf der Wippe des Lebens in Reinform!

 „Welche meiner Gewohnheiten und Rituale tun mir gut? Welche
könnte ich neu in mein Leben holen, um mir regelmäßig Gutes zu
tun?"

 Wind der Veränderung, S. 154
Alte Gewohnheiten, S. 247

 www.seelenbalancieren.de/am3n

Mein Tempo, meine Zeit, mein Rhythmus

*Diese Uhrenwand stammt aus
dem Wohnhaus von Charles
Darwin in England – übrigens
ein sehr interessantes Museum.*

 *„Bin ich eher schnell oder langsam in der Welt unterwegs? Bin ich
lieber früh am Tag aktiv oder spät? Darf ich meinem persönlichen
Rhythmus, der mir gut tut, folgen? Was müsste ich ändern, um
mein eigenes Tempo, meine eigenen Ruhe- und Aktivitätszeiten
und meinen eigenen Rhythmus besser leben zu können?"*

 Das Leben tanzen, S. 21

 www.seelenbalancieren.de/wp4g

Alte Gewohnheiten

Die ausgetretene Treppe auf dem Foto ist schon Jahrtausende alt. Sie führt zu einem Kultort im südfranzösischen antiken Glanum bei Saint-Rémy-de-Provence. Beim Thema „Ohrenschmaus" findest Du ein weiteres Foto von dort.

In einem anderen Beitrag rege ich Dich an, Dir Gedanken über wohltuende Rituale zu machen. Das Sinnbild dafür ist ein Stammtisch. Hier geht's um das Gegenstück dazu, die ausgetretene Treppe der alten Gewohnheiten:

 „Welche alten Gewohnheiten habe ich schon lange nicht mehr hinterfragt, ob sie mir noch gut tun? Welche geben mir keinen Halt mehr und passen nicht mehr zu mir und meinem Leben? Wie könnte ich sie in wohltuende neue Gewohnheiten umwandeln?"

 Ohrenschmaus, S. 233
Wohltuende Rituale, S. 245

 www.seelenbalancieren.de/u8eh

Baustellen

Aus dieser klitzekleinen Bau-
stelle in „unserer" südfranzösi-
schen Urlaubsidylle wurde eine
Motorradgarage, wie wir zwei
Jahre später feststellen durften.

Selbst Projekte, die uns am Herzen liegen, können zu Energieräubern
werden: Wir machen uns oft unnötigen Druck und setzen uns damit
unter Stress, siehe „Niente panico" …
Meine Impulsfragen sollen ein weiterer Anstoß für Dich sein,
gnädig(er) und nett(er) mit Dir selbst umzugehen. Du weißt schon:
„Sei gut zu Deiner besten Freundin – Dir selbst!"

 „Welche inneren oder äußeren ‚Baustellen' habe ich derzeit? Wo
kann ich Druck rausnehmen, indem ich Termine nach hinten ver-
schiebe oder mein Projekt (zumindest vorerst) eine Nummer klei-
ner anlege? Wer könnte mich unterstützen?"

 „Niente panico: Fünf Kraftsätze, um den eigenen Perfektionismus
abzuschwächen und das Leben mehr zu genießen", S. 162
ANNAs zweiter wirksamer Wundersatz für innere Balance: Beste Freundin,
S. 52

 www.seelenbalancieren.de/hy4r

Geschenk

Die zweite der beiden Impulsfra-
gen führt mal wieder zu einem
echten Perspektivenwechsel, gell?

 „Wer oder was ist für mich ein Geschenk in meinem Leben, für das
ich dankbar bin? Für wen bin ich ein Geschenk?"

 Freundschaft, S. 30
Herbstblues oder Romantik? Weg vom „Mangel", hin zur „Fülle", S. 155

 www.seelenbalancieren.de/cq7s

Elfchen „Mein Küchenbalkon"

Eine Hommage an unseren klit-
zekleinen geliebten Balkon - er ist
einer meiner Kraftorte. Beim
Original-Blogbeitrag findest Du
eine Fotocollage zum „Urban
Gardening Sandra-style".

Tomaten und duftende Kräuter hatte ich auf ihm neben bunten Blumen schon öfter; auch aus den Samen des Vorjahres selbst gezogenen,
leckeren Rucola. Letztes Jahr habe ich zusätzlich zum ersten Mal Salat
angepflanzt. Die anfangs klitzekleinen Pflänzchen haben sich in den
schmalen Kästen unglaublich gut entwickelt, sodass wir regelmäßig
davon naschen konnten. Ein Küchenbalkon im wahrsten Sinn des
Wortes – nicht nur, weil er von der Küche aus zugänglich ist. Ich nenne
das gelungene Experiment „Urban Gardening Sandra-style".

Küchenbalkon
mein Miniaturgarten
Tomaten, Kräuter, Salat
pflanzen, gießen, ernten, genießen
Kraft(ort)futter

 Welche Kraftorte hast Du? Wie lautet Deine Elfchen-Hommage
dazu?

Federleicht hingetupft: Anleitung zum entspannenden Elfchen-Schreiben (mit
Elfchen-Elfchen), S. 23
Elfchen „Unterm Lieblingsbaum", S. 51
Ein Elfchen-Lob der Hängematte, S. 215

 www.seelenbalancieren.de/qr1g

ANNAs zehnter wirksamer Wundersatz für innere Balance: Ent-Spannung

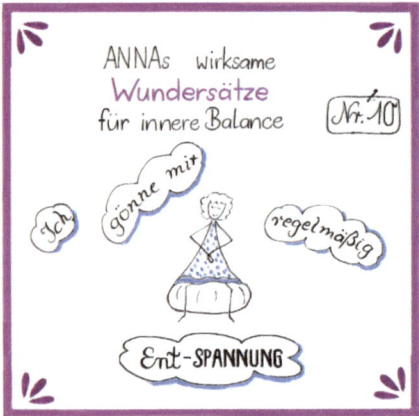

Menschen, die viel powern und ihr Bestes geben, vergessen oft, rechtzeitig Entspannungs- und Erholungspausen einzulegen. Im schlimmsten Fall können sie sich irgendwann gar nicht mehr regenerieren und steuern auf einen Burnout zu. Gerade wenn Du für Deine Sache brennst und Dich idealistisch für sie – bzw. für andere Menschen – einsetzt, bist Du in besonderer Gefahr auszubrennen.

Jedes der Wölkchen in ANNAs wirksamem Wundersatz hat seine Bedeutung:

- *„Ich"*: Wenn Du es nicht tust, wer dann?

- *„gönne mir"*: Ja, es ist eine Form von Zuwendung für Dich selbst, eine Variante von Selbstfür(mich)sorge. Gönne sie Dir, gestehe sie Dir zu, passe gut auf Deine beste Freundin (oder Deinen besten Freund) auf – Dich selbst!

- *„regelmäßig"*: Damit meine ich nicht, „einmal im Jahr im Urlaub spanne ich aus"; auch nicht nur monatlich. Nein, baue Dir Entspannungsrituale mit wöchentlichem (Qigong, Yoga?), täglichem (kleine Fantasiereise, Gesichtsmassage?) und sogar am besten eineinhalbstündigen Rhythmus (aufstehen bzw. hinsetzen – je nachdem, bewusst atmen, Tee-/Kaffeeritual, Wolkengucken?) in Deinen Alltag ein!

• *„Ent-Spannung"*: Das ist kein Schreibfehler, sondern damit will ich auf das gesunde und gesunderhaltende Zusammenspiel von An-Spannung und Ent-Spannung hinweisen. Denke an Deinen Arm mit Streck- und Beugemuskel oder an das Yin- und Yang-Zeichen: Die Gegenpole gehören dazu!

Die Wölkchen umschweben die sichtlich entspannte ANNA wie Gedanken, die sie beim Meditieren freundlich wahrnimmt, weiterziehen lässt und dann liebevoll zu sich zurückkehrt, z. B. um ein Inneres Lächeln in alle Körperecken zu schicken oder ihren Atem zu beobachten. Ent-Spannung garantiert!

 Bunte kleine Arbeitspausen: Tipps zum Auftanken in Mini-Einheiten, S. 199
MGLG: selbstfür(mich)sorgliche Erinnerungshilfe an kleine Auszeiten im Alltag, S. 209
ANNAs zweiter wirksamer Wundersatz für innere Balance: Beste Freundin, S. 52
ANNAs dritter wirksamer Wundersatz für innere Balance: Atmen, S. 77

 www.seelenbalancieren.de/wea7

Ausklang

Wonach duftet, schmeckt und klingt die „Brillenberatung BALANCE"?

Zu Beginn dieses Buch habe ich Dir eine Art KundInnenbefragung in Aussicht gestellt. Du bist ja nun, nachdem Du dieses Buch gelesen hast, nicht nur SpezialistIn im Umdeuten, sondern hast auch meinen Arbeitsstil in der „Brillenberatung BALANCE" sehr gut kennengelernt. Nun habe ich zum Ausklang einen letzten perspektivenwechselnden Beitrag für Dich, bei dem ich Dich zu einer Rückmeldung einlade.

Sehr interessante Fragen im wahrsten Sinn des Wortes nach meinem Geschmack, die mir meine Coachkollegin Jutta Held (*www.juttaheld.de*) – auf deren Anregungen Du hier schon öfter gestoßen bist – da gestellt hat: „Wonach riecht, schmeckt, klingt Dein Business?"

„Mein Business", das ist BALANCE. Dass ich es gern lila gestalte, siehst Du auf einen Blick, auf meinem Blog, hier im Buch und auch auf meiner Visitenkarte. Aber wonach riecht, schmeckt und klingt es? Mmmh …, Genuss mit allen Sinnen – das mag ich! Mich hat dennoch überrascht, wie schnell ich meine persönlichen Antworten gefunden habe:

BALANCE
- duftet nach Lavendel – und ein bisschen nach Rosen
- schmeckt nach dunkler Schokolade und auch ein bisschen nach Lavendel

- klingt nach akustischer Gitarre in angenehmen Melodien und Rhythmen

Die Farben und Töne versuche ich schon seit Längerem konsequent auf *www.seelenbalancieren.de* und bei meinen Videos umzusetzen. Duft und Geschmack sind neue Aspekte, bei denen ich von meinen eigenen Vorlieben, aber auch von der entspannenden Wirkung des Lavendels und den von Schokolade (zumindest bei mir) ausgelösten Glücksgefühlen ausgehe. Da fällt mir ein: Nicht umsonst hatte ich damals dem Unterstützerinnenkreis für mein erstes Buch „Ich wünsche mir Gelassenheit. Ein Balancierkurs für die Seele" den Namen „Lavendelschokolade" gegeben.

Es gibt aber auch ganz andere Einschätzungen! So kommentiert eine meiner Blogleserinnen mit ihrer persönlichen „Brille":
„Liebe Sandra, für mich duftet es [= BALANCE] nach Sommerwiese, frei und warm mit weitem Blick. Bei Geschmack denke ich an Yogi-Tee mit Honig und Milch: kräftige Gewürze, die mich wecken und anregen, süßer Honig, milde Note durch die Milch (gemahnt mich, mit mir selbst milde zu sein) und ist auf jeden Fall für mich immer eine Stärkung. Klang finde ich schwierig, vielleicht am ehesten einzelne Töne wie mit Klangschalen, denen man bewusst zuhört. Spannende Fragen!"
Ich fühle mich sehr geehrt, dass sie meine Arbeit so wohltuend interpretiert!

Jetzt bin ich neugierig, was DIR spontan zu der dreigeteilten Frage einfällt. Das interessiert mich wirklich! Also …:

 Wonach duftet, schmeckt und klingt die „Brillenberatung BALANCE" für Dich?

Ich freue mich auf Deine Antworten direkt beim Original-Blogbeitrag (*www.seelenbalancieren.de/shfb*) oder auch per Mail an mich: info@balance-bischoff.de

Herzliche Lavendel- und Rosengrüße
Sandra Bischoff

Mein herzlicher Dank

Dieses Buch habe ich letztlich über fünf Jahre hinweg geschrieben, weil die Erstfassungen meiner Beiträge auf meinem Blog *www.seelenbalancieren.de* erschienen sind. Dennoch gab es für die Endfassung, die Dir hier vorliegt, noch genug zu tun, um es in die Welt zu bringen. Dafür habe ich wunderbare Unterstützung von vielen Seiten erhalten. Mein herzlicher Dank geht an

- meine Mutter für ihren – wie bei jedem meiner Schreibprojekte – unglaublich intensiven, zuverlässigen und maximal hilfreichen Einsatz als mein Denk-Gegenüber und meine „Privatlektorin",
- meinen Mann und unseren Sohn dafür, dass sie mir einen unbeschwerten Familien- und Schreiburlaub in Südfrankreich ermöglicht und Verständnis für so manche geistige Absence meinerseits aufgebracht haben,
- mein Verlegerpaar Marita Ellert-Richter und Gerhard Richter, dass sie sich nach einem „Buch zum Reinschreiben" und einem „zum Aufstellen" erneut auf ein Novum eingelassen haben: ein „Blog-Buch" mit Kurzlinks zurück zum Ursprungsort,
- meine Lektorin Claudia Hönck für ihren professionellen Korrekturblick und die überraschende Erkenntnis, wie gern und entsprechend oft ich im Manuskript das Wort „gerne" verwendet hatte,
- den Grafiker Heiko Aping für das stimmige Buchcover, das mich farblich und von der Brillensymbolik her (John Lennon: „Give peace a chance", Harry Potter, …) sehr anspricht,
- meine inspirierenden Online- und Offline-Netzwerk-KollegInnen sowie meine großartigen LeserInnen, Seminar-TeilnehmerInnen und Coachees, die mir durch ihr positives Feedback, mündlich, per Mail und als Kommentare direkt auf *www.seelenbalancieren.de,* zeigen, wie sehr sie meine BALANCE-Arbeit schätzen. Diese Rückmeldungen motivieren mich und machen mich schlichtweg glücklich!

Alexandra Bischoff
Ich wünsche mir Gelassenheit
Ein Balancierkurs für die Seele

160 Seiten
ISBN 978-3-8319-0511-9

„Das Lächeln, das du aussendest, kehrt zu dir zurück." Dieser Sinn-
spruch ist allgemein bekannt. Aber wie kann man ihn auch dann noch
beherzigen, wenn man sich beispielsweise gerade ungerecht behandelt
fühlt?
Alexandra Bischoffs Balancierkurs für die Seele setzt genau dort an.
Indem wir unseren Umgang mit alltäglichen Unannehmlichkeiten ver-
bessern, werden wir weniger angreifbar, bekommen eine positivere
Ausstrahlung, gehen entspannter mit schwierigen Situationen um und
reduzieren so den oft selbst kultivierten Stress. Dieser psychologisch
fundierte Selbststärkungsratgeber zeigt alltagsorientiert, methodisch
abwechslungsreich und in leichtem Ton, wie man sich immer wieder
ins innere Gleichgewicht bringen kann.

Alexandra Bischoff
Mein Weg zu mehr Gelassenheit
Ein Impuls- und Notizbuch für innere Stärke und Balance

154 Seiten mit 7 Abbildungen
ISBN 978-3-8319-0661-1

Eine Anleitung, wie man sich selbst aus subjektivem Stress heraushelfen kann, funktioniert am besten, wenn dabei die ganz persönlichen Geschmacksvorlieben und wohltuenden Erinnerungen einbezogen werden. Das ist der Ansatz dieses Impuls- und Notizbuchs für innere Stärke und Balance: Es dient zum Lesen der Nachdenk-, Entspannungs- und Achtsamkeitsimpulse, bietet aber auch Platz, die eigenen Erkenntnisse und Vorhaben direkt zu notieren sowie Mandalas zum Ausmalen. Jedes Thema wird hilfreich kommentiert, von A wie „Achtsamkeit" bis Z wie „Zauber". Eine Einführung in die Grundbegriffe der Selbststärkung und die verwendete Farbsymbolik macht das Buch zum „Mini-Balancierkurs für die Seele".

Alexandra Bischoff
Gabriele Gerner-Haudum
52 positive Impulse für innere Stärke und Balance

110 Seiten
ISBN 978-3-8319-0662-8

Der Tischaufsteller mit 52 positiven Impulstexten und -fotografien für
innere Stärke und Balance ist die Gemeinschaftsarbeit zweier erfahre-
ner Expertinnen, eines Coachs und einer Reisefotografin.
Die Nachdenk-, Entspannungs- und Achtsamkeitsimpulse haben als
Ziel eine Sensibilisierung für die zahlreichen Möglichkeiten, sich selbst
aus dem subjektiven Stress heraus- und hin zu guten Gefühlen zu bringen.
Der kalenderunabhängige Tischaufsteller ist zugleich Lebenshilferatge-
ber, ansprechende Dekoration und hochwertiger Geschenkartikel „mit
Sinn". Für Menschen, die an persönlichem Wachstum, Entspannung
und Stressbewältigung interessiert sind.

Stefanie Stahl
So stärken Sie Ihr Selbstwertgefühl
Damit das Leben einfach wird

256 Seiten
ISBN 978-3-8319-0706-9

Wäre ich nur selbstbewusster! Wer hat sich das nicht schon einmal gewünscht? Menschen, die über ein starkes Selbst verfügen, haben eine gute Meinung von sich, sind optimistisch und befinden sich mit ihren Mitmenschen auf Augenhöhe. Der Selbstwert ist das Kraftwerk der Seele. Er bestimmt unser Lebensgefühl, unsere Beziehungen und unsere seelische und körperliche Gesundheit. Ein niedriges Selbstwertgefühl ist kein Schicksal, das man hinnehmen muss. Sein Selbstwertgefühl kann man stärken, indem man sich selbst akzeptiert; indem man klar kommuniziert; indem man zielgerichtet handelt; indem man seine Gefühle reguliert und indem man sein Leben genießt. Wie das gelingen kann, zeigt Stefanie Stahl in anschaulichen Beispielen. Ergreifen Sie die Chance und lernen Sie, sich selbst anzunehmen, genau so, wie Sie sind.

Impressum

Bibliografische Information der Deutschen Nationalbibliothek
Die Deutsche Nationalbibliothek verzeichnet diese Publikation in der
Deutschen Nationalbibliografie; detaillierte bibliografische Daten sind
im Internet über <http://dnb.d-nb.de> abrufbar.

ISBN 978-3-8319-0727-4
© Ellert & Richter Verlag GmbH, Hamburg 2018

Bildnachweis:
Umschlagfoto: Fotolia (Mediagfx)
Autorenfoto: Fotografie vogelwild und andres, München
Innenabbildungen: alle Fotos Dr. Alexandra Bischoff, München

Text und Illustration: Dr. Alexandra Bischoff, München
Lektorat: Claudia Hönck, Hamburg
Redaktion: Sophie Niemann, Hamburg
Titelgestaltung: BrücknerAping Büro für Gestaltung, Bremen
Gesamtherstellung: CPI books GmbH, Leck

www.ellert-richter.de
www.facebook.com/EllertRichterVerlag